Como fazer alguém se APAIXONAR por você em até 90 minutos

Diretor editorial
Luis Matos

Editora-chefe
Marcia Batista

Editora-assistente
Carol Evangelista

Assistentes editoriais
Talita Camargo
Talita Gnidarchichi

Tradução
Marcelle Soares

Preparação
Jaqueline Carou

Revisão
Fernanda Duarte
Tássia Carvalho

Arte
Karine Barbosa
Noele Vavalle
Stephanie Lin

Capa
Zuleika Iamashita
Renato Klisman

Dados Internacionais de Catalogação na Publicação (CIP)
(Câmara Brasileira do Livro, SP, Brasil)

B715c Boothman, Nicholas.

Como fazer alguém se apaixonar por você em até 90 minutos / Nicholas Boothman ; tradução de Marcelle Soares. -- São Paulo : Universo dos Livros, 2022.
272 p.

ISBN 978-65-5609-256-0
Título original: *How to make someone fall in love with you forever in 90 minutes or less*

1. Técnicas de autoajuda 2. Comunicação interpessoal
3. Relações humanas I. Título II. Soares, Marcelle

22-1893 CDD 158.2

Universo dos Livros Editora Ltda.
Avenida Ordem e Progresso, 157 — 8º andar — Conj. 803
CEP 01141-030 — Barra Funda — São Paulo/SP
Telefone: (11) 3392-3336
www.universodoslivros.com.br
e-mail: editor@universodoslivros.com.br

NICHOLAS BOOTHMAN

Como fazer alguém se APAIXONAR por você em até 90 minutos

São Paulo
2025

Grupo Editorial
UNIVERSO DOS LIVROS

Cada um de nós é um anjo com apenas uma asa e só
podemos voar quando nos abraçamos.
Luciano de Crescenzo

Dedicatória

Uma coisa é escrever sobre algo, outra coisa é viver esse algo. Por isso, dedico este livro a Wendy, por sua sábia colaboração, e aos nossos filhos já crescidos, Joanna, Thomas, Sandy, Kate e Pippa, por abrirem meus olhos para mais aspectos do amor, romance e corações partidos que a maioria dos roteiristas de Hollywood poderia imaginar!

Agradecimentos

Este é um livro simples sobre um assunto complicado. Ele nunca poderia ter surgido sem a cooperação de milhares de pessoas que me deixaram bisbilhotar sua vida pessoal e descobrir como especificamente o amor se desvelou para elas – agradeço a todos vocês por sua generosidade.

Sou muito grato a Lori Moffatt, Laura Schaefer e Nicholas Gianone por sua generosa orientação profissional; e a Leigh Bateman, Dawn Bedford, George Billard, Sarah King, Laura Silverman, Carolyn Van Humbeck, John Walker e Scott Wilder por sua experiência prática. Sou profundamente grato a Martha Flach Wilkie e Lori Speed por sua colaboração criativa e suporte.

Minha gratidão também vai para Kim Small, Suzie Bolotin, Cassie Murdoch, Beth Levy, Janet Vicario, Barbara Peragine, Pat Upton, Paul Hanson, Jenny Mandel, David Schiller, Peter e Carolan Workman e para todas as adoráveis almas da editora Workman.

Finalmente, dedico meu profundo respeito a minha editora, Margot Herrera, por capturar milhares de pensamentos em pleno voo e deixá-los encontrar seu caminho nestas páginas.

Sumário

Quem disse que não é possível apressar o amor?

Será que é mesmo possível acender as chamas do amor em 90 minutos ou menos? Parece algo maluco e superficial – ou será que não? Quando publiquei meu primeiro livro, *Como fazer as pessoas gostarem de você em 90 segundos ou menos*, as pessoas também pensaram que era uma teoria maluca e superficial, até perceberem que nós realmente decidimos se gostamos ou não de alguém nos primeiros *dois segundos* em que vemos alguém. Após passar os 90 segundos, você já está no caminho para transformar uma primeira impressão em uma relação duradoura, seja de amizade, negócios ou romance. Conscientemente ou não, as pessoas que possuem habilidades sociais – aquelas que conseguem entrar em uma sala cheia de estranhos e começar uma conversa convincente com qualquer um – enviam sinais com seu corpo e falam de uma forma que fazem as outras pessoas imediatamente gostarem, confiarem e se sentirem confortáveis com elas. Quando você descobrir o que elas fazem e como realizam isso, também poderá criar esse tipo de primeira impressão.

Em amizades e nos negócios, esses preciosos 90 segundos podem ser um ótimo começo. Nas circunstâncias adequadas, se duas pessoas estiverem enviando os sinais certos e conversando de uma determinada forma no tempo certo, isso também pode ser um prelúdio para o amor, o que levará a atração à conexão, à intimidade e ao compromisso. Para uma pequena porcentagem de casais, esses eventos acontecem quase instantaneamente, fazendo-os se apaixonar à primeira vista. A maioria dos casais intuitivamente sente o processo, mas tem de percorrer esse caminho por meio de tentativas e erros antes de finalmente conseguirem êxito – o que pode levar semanas, meses e às vezes até anos. Porém, o processo não precisa ser tão longo – e você não precisa deixar tudo nas mãos do acaso.

Para escrever este livro, analisei quase 2 mil relacionamentos amorosos – desde casais que se apaixonaram à primeira vista até casais que foram amigos durante anos antes de se envolverem romanticamente. Conversei com casais que estão juntos há 50 anos e com adolescentes que estão perdidamente apaixonados há alguns meses. Entrevistei parceiros atuais e ex-parceiros dos mesmos homens e das mesmas mulheres para descobrir o que deu errado na primeira vez, o que eles aprenderam com suas experiências e como conseguiram se acertar com seu novo companheiro. Conversei com pessoas que haviam perdido parceiros para doenças ou acidentes e acreditavam que nunca encontrariam o amor novamente, até que as circunstâncias da vida trouxeram um novo amor para sua vida. Fiz seminários e workshops para testar as ideias que estão contidas neste livro e, como consequência, fui convidado para casamentos. Conheci e trabalhei com pessoas desesperadamente inseguras e fisicamente desprivilegiadas que, como um milagre, encontraram um romance duradouro que foi além dos seus sonhos mais extravagantes, mesmo depois de terem perdido toda a esperança. Este último grupo reforçou algo que eu sempre soube: existe alguém para cada um de nós e normalmente encontramos essa pessoa quando menos esperamos.

Noventa minutos é o tempo de que você necessitará para olhar profundamente dentro de outra pessoa a fim de descobrir o que a motiva – e para permitir que ela olhe profundamente dentro de você o suficiente para descobrir a mesma coisa.

Por meio de toda essa investigação, uma coisa ficou clara: não é uma questão de tempo, é uma questão de progressão emocional, de deixar que cada etapa se desenrole precisamente na ordem correta. Quando se entende a arquitetura do ato de se apaixonar, as etapas envolvidas e como construí-las e coreografá-las da forma adequada, é absolutamente possível que duas pessoas se apaixonem em 90 minutos ou menos. O pesquisador Arthur Aron, PhD, descobriu isso em uma série de experimentos que conduziu na Universidade da Califórnia. Um homem e uma mulher que nunca haviam se encontrado antes foram colocados juntos em uma sala por 90 minutos. Cada um foi informado de que a outra pessoa gostaria dele e ambos foram instruídos a trocar informações íntimas, como seus momentos mais embaraçosos e como eles se sentiriam se perdessem um parente. De vez em quando, um pesquisador entrava na sala e pedia que cada um expressasse o que gostou no outro. Eles também deveriam olhar nos olhos um do outro por aproximadamente dois minutos sem conversar. No final do experimento, eles saíram da sala por portas separadas. Muitos dos casais confessaram que se sentiram profundamente atraídos pela outra pessoa e próximos a ela. De fato, as primeiras duplas que passaram pelo experimento se casaram logo depois e convidaram o Dr. Aron e seus colegas para o casamento. Conclusão: com a pessoa certa, linguagem corporal específica e autoexposição mútua, é possível produzir fortes sentimentos de amor e intimidade. O Dr. Aron afirmou que a expectativa dos participantes de que a outra pessoa gostaria deles teve um grande efeito. "Se você perguntar às pessoas sobre sua experiência em apaixonar-se, 90% dirá que o principal fator foi descobrir que a outra pessoa gostava delas", afirmou o Dr. Aron.

Noventa minutos é o tempo de que você necessitará para olhar profundamente dentro de outra pessoa a fim de descobrir o que a motiva – e para permitir que ela olhe profundamente dentro de você, o suficiente para descobrir a mesma coisa. Se vocês dois se gostarem e admirarem o que veem, poderão direcionar seu entusiasmo mútuo para impulsionar a progressão emocional rapidamente, em direção à unidade. E tem mais, se você realmente encontrou a pessoa certa, não há motivo para que essa relação não dure para sempre.

Minha pesquisa revelou três outras simples verdades:

1. Apaixonar-se e continuar apaixonado são coisas completamente diferentes. Apaixonar-se é um viciante químico compulsivo, intoxicante e estonteante. Seu corpo fica cheio de neurotransmissores que geram uma sensação de bem-estar, como dopamina e serotonina, e você se sente extremamente feliz. No entanto, permanecer apaixonado é algo totalmente diferente. Depois que os neurotransmissores de felicidade acabarem, como inevitavelmente ocorrerá, vocês precisarão mais do que memórias químicas para continuar juntos.
2. Não nos apaixonamos por outras pessoas; nós nos apaixonamos pelos sentimentos que experimentamos quando estamos com elas: o despertar espiritual e emocional, a diminuição de inibições, a alegria de sentir-se seguro e protegido e cheio de esperança, a sensação de completude – a emoção. Transformamos essas emoções em palavras e as carregamos conosco como histórias. Quando as histórias são contadas, o romance cresce. Discutiremos formas de direcionar e acelerar essas histórias mais adiante no livro.
3. Por mais confortável e tentador que pareça sentir-se atraído por alguém que é exatamente como você (afinal de contas, os semelhantes se atraem), ou por mais emocionante e romântico que possa parecer ser puxado em direção ao seu exato oposto (os opostos também se atraem), isso simplesmente não funciona em longo prazo.

Independentemente do que você tenha lido ou escutado em outro lugar, a verdade é que relacionamentos emocionantes, amorosos e duradouros são uma engenhosa mistura dos dois: a proporção certa de "afins se atraem", para que vocês possam se gostar, respeitarem-se e aguentarem-se; e a proporção certa de "opostos se atraem", para que possam curtir estar juntos e manter o fogo aceso. A pessoa que tem a combinação certa dessas duas coisas é o que chamamos de *oposto compatível*. Compatível em valores e fatores motivadores, oposto em comportamento e personalidade.

Estenda as mãos e observe-as. Você não tem duas mãos esquerdas ou duas mãos direitas: você tem um par perfeito de opostos compatíveis.

Individualmente, elas podem fazer muitas coisas, porém, juntas, podem fazer maravilhas.

Sempre me perguntam: "Como você sabe quando encontrou a pessoa certa?" e a maioria das pessoas entrevistadas para este livro disse a mesma coisa: normalmente, quando você se apaixona por alguém, há sentimentos estonteantes de emoção e desejo, mas também há tensão. No entanto, quando você encontra seu oposto compatível, essa tensão é substituída por uma enorme e inquestionável sensação de calma – e alívio.

A principal causa de divórcios no mundo é o fato de que muitas pessoas se casam com a pessoa errada. Este livro trata do encontro, atração e conexão com a *pessoa certa* – seu oposto compatível – e do estabelecimento de uma intimidade emocional mútua em 90 minutos ou menos. A Parte 1 ajudará você a se compreender melhor e a descobrir quem pode ser seu oposto compatível. A Parte 2 mostrará como você pode aperfeiçoar suas habilidades pessoais para causar uma ótima primeira impressão e estar pronta para se conectar. A Parte 3 mostrará como ir da conexão à intimidade e ao amor – sem demora.

Neste momento, você deve estar se perguntando quem sou eu para dizer como fazer alguém se apaixonar por você. É uma boa pergunta. Eu venho estudando o comportamento humano há 30 anos e, nos últimos 10 anos, tenho trabalhado como praticante mestre de Programação Neurolinguística (PNL), uma disciplina que analisa como, sem pensar, nós usamos palavras para fortalecer ou desmoralizar a nós mesmos e a outras pessoas.

Ganhei minha credencial de PNL ao estudar com os dois fundadores do método, os Drs. Richard Bandler e John Grinder, em Nova York, Londres e Toronto. Antes disso, trabalhei durante 25 anos como fotógrafo de moda e de publicidade em estúdios em três continentes e fundei uma empresa de consultoria de negócios chamada Corporate Images. O que aprendi tanto como fotógrafo quanto como estudante de PNL me levou a escrever alguns livros sobre como transformar primeiras impressões em relacionamentos duradouros – um para o cenário social e outro para o mundo dos negócios. Mas, quando se trata deste livro, minha melhor credencial é o fato de que tive a sorte de encontrar meu oposto compatível há mais de 35 anos, depois que nós dois havíamos saído de casamentos infelizes.

Ela me conquistou quando disse "Oi"

Quando adolescente, eu era o cara que quase nunca conseguia conquistar as garotas. Claro, eu ia às festas e aos bailes e frequentava lanchonetes descoladas, mas mesmo assim sempre voltava para casa sozinho. Felizmente, eu era ambicioso e otimista. Após alguns anos de solidão, juntei-me a uma banda de rock, aprendi a cavalgar e consegui um trabalho de meio período entregando bolos de casamentos em hotéis. Conforme fui conhecendo mais e mais pessoas, logo descobri que não importa tanto o que você pensa, mas sim a forma *como* você pensa; não importa o que você diz, mas sim a forma *como* diz; e não importa o que você faz, mas sim a forma *como* faz. Depois de pouco tempo eu já não voltava para casa com a banda do clube dos corações solitários. Atraía garotas e me conectava com elas e, aos vinte e poucos anos, conheci uma linda garota e me casei com ela. Mas aprendi da forma mais dolorosa que atrair e conectar-se é apenas o primeiro passo – atrair e conectar-se com *a pessoa certa para você* é outra história.

O casamento acabou e eu me mudei para Portugal. Abri um estúdio de fotos de moda no andar superior de um lindo prédio no centro de Lisboa. Ao percorrer alguns lugares com meu *portfolio*, um nome parecia surgir sempre nas conversas com pessoas das agências de propaganda.

– Você trabalha com a agência de modelos de Wendy?

– Wendy foi modelo de Yves Saint Laurent em Paris, ela sabe do que está falando.

– Sabia que Wendy dançou com o Balé Nacional?

– Wendy voa em seu próprio avião.

– Não, eu não trabalho com Wendy e não, ainda não a conheci! – respondia. Já estava cheio de ouvir sobre ela em todos os lugares aonde ia. Em pouco tempo, a "Miss Perfeição" estava no topo da lista de pessoas que eu não queria conhecer.

Um dia, uma oportunidade surgiu e se mostrou irresistível ao meu imaturo senso de travessura. Uma das minhas novas clientes, a editora da principal revista feminina do país, ligou-me e me perguntou se eu poderia tirar fotos para a capa de uma próxima edição. No fim das contas, não foi uma missão tão glamorosa quanto eu esperava. Era para a edição de tricô anual e ela queria que eu fotografasse três gatinhos sentados em uma cesta cheia de lã.

"Onde vou encontrar três gatinhos?" perguntei-me no momento em que desliguei o telefone. *Ah, eu sei*, disse meu crápula interior. *Por que eu não ligo para a Wendy, Mulher Maravilha, e deixo que ela cuide disso?*

Consegui encontrar os dados de sua agência e liguei para ela. A recepcionista pediu que eu esperasse e, alguns momentos depois, escutei uma voz do outro lado da linha:

– Oi, aqui é Wendy.

– Oi. Meu nome é Nicholas Boothman e eu sou fotógrafo.

– Sim, eu sei – ela respondeu suavemente.

Disse-lhe que precisava de três modelos – gatinhos. Esperava alguma mudança em seu tom de voz educado, mas ela continuou cortês e calma. Abusei um pouco mais da sorte para ver como ela reagiria.

– Também vou precisar de uma pequena cesta, algumas bolas de lã colorida, dois pedaços de papelão de 50 centímetros por 1 metro, duas dobradiças e um pouco de papel laminado.

A maioria das agências de modelos diria a um fotógrafo para parar de encher se ele pedisse uma lista de acessórios, mas a Mulher Maravilha continuou calmamente dizendo sim após cada um dos meus pedidos. Finalizamos a conversa definindo uma data e um horário.

Eu também estava me arrastando para um tipo de zona sem gravidade. Não conseguia parar de olhar para ela.

O prédio histórico onde ficava meu apartamento tinha um antigo elevador com grades de madeira e metal. Precisamente às 17 horas do dia combinado, escutei o motor do elevador e imaginei que um dos assistentes de Wendy havia chegado. O elevador parou e, alguns segundos depois, ouvi minha recepcionista, Cecilia, abrir a porta. Pontualmente – Wendy treina bem seu pessoal, pensei. (Entre os muitos charmes de Portugal, a pontualidade é bem ausente.) Cecilia entrou no meu estúdio seguida pela mulher mais bonita que eu já havia visto na minha vida. *Caramba! Ela enviou uma de suas modelos*, eu pensei. Uma orquestra começou a tocar na minha cabeça enquanto essa mulher calma, linda e impressionante me olhava com aqueles olhos azuis brilhantes, sorria, estendia a mão e dizia: "Oi, eu sou Wendy".

É difícil explicar como eu me senti, mas vou tentar. Parece que perdi meu senso de realidade; não podia processar bem o que estava acontecendo – era como se estivesse em estado de choque. Enquanto a orquestra aumentava o volume na minha cabeça, ela começou a falar.

– Eu trouxe os gatinhos. Você não pediu, mas no caminho até aqui pedi que um veterinário desse uma examinada neles e aplicasse um leve sedativo; teremos que esperar 30 minutos para que faça efeito. Trouxe o papelão e as dobradiças. Imagino que vamos fazer um refletor. Você não pediu parafusos, mas eu trouxe alguns. Imagino que você vai querer colar o papel laminado na madeira. Você não pediu cola, mas eu trouxe também.

Minha nossa! Ela estava certa, eu tinha planejado fazer um refletor para jogar uma luz de fundo sobre os gatinhos, assim a luz direta não os assustaria. Fiquei impressionado e desconcertado. Eu também estava me arrastando para um tipo de zona sem gravidade. Não conseguia parar de olhar para ela. Sim, ela era extraordinariamente bonita, mas era sua presença em geral que estava me afetando. Ela era tão charmosa.

Enquanto esperávamos os gatinhos se acalmarem, montei o refletor. Enquanto preparava o cenário, Wendy foi até uma janela que ficava de frente para a Baixa, a área de Lisboa onde, durante séculos, poetas, pintores e escritores se reuniam em cafeterias.

– Eu amo a Baixa – disse para ela –, é tão cheia de energia e romance.

– Eu também – ela respondeu.

Eu estava derretendo.

– Será que você poderia me dar uma mãozinha? – perguntei.

Ela olhou para mim e estendeu as mãos.

– Até duas, se você quiser. – Ela sorriu de novo e meu coração derreteu.

Lá estávamos nós, ajoelhados no chão, de frente um para o outro, em cima do pedaço de papelão. Começamos a amassar o papel laminado, Wendy em uma ponta, eu na outra, trabalhando juntos em direção ao centro. Quando chegamos lá, nossas mãos se tocaram por um instante. Eu fiquei sem ar. O que aconteceu depois foi surreal e ainda consigo lembrar os mínimos detalhes. Uma torrente de energia maior e mais ampla do que qualquer coisa que eu já havia sentido antes passou pelos meus pés e subiu até minha cabeça em direção a ela. Olhei diretamente dentro dos seus olhos e escutei uma voz – sei que era minha própria voz, mas não a ouvi vindo de dentro, como normalmente acontece, a voz vinha de fora – que dizia "Esta é a coisa mais ridícula que eu já disse, mas eu te amo". A orquestra dentro da minha cabeça estava tocando alucinadamente, mas de repente parou. Wendy estava olhando para mim. "Meu Deus", ela disse. "O que você vai fazer agora?" Sabia que ela sentia o mesmo. Eu havia encontrado meu oposto compatível e Wendy havia encontrado o dela.

O que fizemos, depois que eu cumpri a missão e Cecilia levou os gatinhos para casa durante à noite, foi passar horas e horas e horas conversando. Tínhamos tanto a dizer. Compartilhamos nossas esperanças e sonhos, nossas opiniões e experiências. Ríamos das mesmas coisas e éramos apaixonados pelas mesmas coisas. Era como uma amizade profunda transformada em música.

Wendy e eu tínhamos muito em comum. Ela era britânica, eu também. Nós dois éramos expatriados em Portugal. Ela tinha um brilho travesso no olhar, assim como eu, e estava vestida de um jeito elegante, porém reservado, que era meu próprio estilo. O mais importante é que estávamos em trabalhos semelhantes e compartilhávamos o mesmo espírito aventureiro.

Mas também havia aspectos dela que eu sentia que não eram como os meus. Ela era paciente e detalhista. Forte, resistente e discreta. Ela era reservada e eu era extrovertido. A forma como ela olhava e ouvia e prestava atenção me fazia sentir como se eu fosse a única pessoa no mundo que importava.

Quando acordei naquela manhã, não tinha ideia de que algumas horas depois meu mundo mudaria para sempre. Wendy me fez entender coisas de uma forma que eu nunca havia pensado antes, e contei-lhe sobre lugares e pessoas que eu havia descoberto, mas sobre os quais ela não sabia nada. Senti-me orgulhoso e importante e invencível enquanto ríamos e compartilhávamos nossas vivências. Ela se sentiu segura ao conversar comigo, pois eu apreciava, respeitava e valorizava suas ideias. Eu nunca havia conversado com ninguém daquela forma; era quase como se tivéssemos procurando um ao outro por todo o universo, durante uma eternidade, até finalmente nos encontrarmos. Foi um êxtase. Passamos as próximas semanas nos encontrando sempre que podíamos, conversando e rindo, compartilhando e sonhando e simplesmente ficando perto um do outro.

E estamos juntos desde então. Criamos cinco filhos e ainda somos apaixonados um pelo outro. A forma como nos conhecemos permaneceu fresca na nossa mente e o romance que vivemos teve um forte efeito. Sim, tivemos dias difíceis e duros, mas a ideia de colocar um fim no relacionamento – de dizer adeus à pessoa que nos faz sentir completos – nunca foi uma opção. Seria como partir nosso coração no meio.

Acho que é bastante óbvio para a maioria das pessoas que Wendy e eu temos um casamento forte e feliz. As pessoas sempre nos perguntam qual é nosso segredo. No começo, eu me esquivava dessa pergunta, pensando que a resposta seria óbvia – respeito mútuo, interesses comuns, atração etc. Mas conforme os anos passaram e a pergunta continuou surgindo muitas e muitas vezes, comecei a perceber que poderia haver mais do que se via na superfície. Assim, utilizando meu treinamento em PNL, decidi tentar identificar as ameaças comuns em todos os relacionamentos bem-sucedidos, desde a paquera até o compromisso, e organizei-as de uma forma simples, prática e concreta. Também queria mostrar às pessoas como aproveitar seu tempo da melhor forma possível e evitar cair em depressão, além de ajudá-las a aprender com os erros dos outros. Com frequência, ouvimos as pessoas dizerem: "Se eu soubesse naquela época o que sei hoje, não teria me metido nesta confusão".

Especificamente, eu decidi:

- encontrar casais que se apaixonaram perdidamente e permaneceram energizados e empolgados um com o outro por muito tempo;
- determinar o que todos esses casais tinham em comum e quais recursos eles utilizaram; e
- dividir as lições que eles poderiam nos ensinar sobre o encontro, a conexão e a união com nosso oposto compatível, em uma série de passos fáceis que qualquer pessoa poderia seguir.

A busca por um padrão

Entrevistei casais felizes e duradouros e outros cujos relacionamentos estavam em vários estágios de desordem. Revisei pesquisas, li livros e artigos sobre o assunto e, finalmente, percebi que quase ninguém estava tratando de algo fundamental: os casais mais bem-sucedidos incorporam um equilíbrio muito delicado de duas máximas – *afins atraem afins* e *opostos se atraem.*

Existem centenas de livros sobre como namorar, paquerar, dar uma de difícil, fazer que ele a peça em casamento, fazer que você aceite e coisas do gênero. Mas fiquei impressionado com o fato de que todos eles pareciam ignorar o óbvio. Nos relacionamentos mais vibrantes e recompensadores, as pessoas envolvidas são opostos compatíveis. Isto é o que cada pessoa que espera encontrar o amor deveria procurar – uma pessoa que a faça se sentir completa, uma pessoa com a qual você *realmente* se conecte. Existe mais de um oposto compatível para você; existem muitos deles e eles estão por todos os lados. No entanto, a maioria das pessoas que você conhece não é seu oposto compatível. Você conhecerá muitas pessoas charmosas ou interessantes, mas elas podem não ser as pessoas certas para você. Portanto, se conhecer alguém de quem gosta muito, mas o relacionamento não estiver funcionando como esperava, e se você não sentir claramente que vale a pena, termine o relacionamento. Não é culpa sua e não é nada pessoal; vocês simplesmente não são opostos compatíveis.

Desde que meus primeiros dois livros foram publicados, eu já apareci em vários programas de televisão e rádio e fui entrevistado por dúzias de revistas. Consequentemente, recebo muitos e-mails com pedidos de ajuda em relacionamentos. Este livro é a resposta para todas aquelas pessoas que me perguntaram: "Como eu faço para encontrar um relacionamento amoroso duradouro?". Parece que elas gostariam que alguém pegasse sua mão e as guiasse no meio da confusão até seu objetivo. Este livro é para todos aqueles que já se sentiram assim. Ele apresenta técnicas comprovadas para conectar-se e causar uma ótima primeira impressão. Essas técnicas a afastarão de incertezas nervosas e a levarão a um relacionamento amoroso e duradouro. Ao mesmo tempo, esse processo exigirá que você seja autêntica e faça o que parecer mais natural. Este livro foi escrito de todo o coração e, como meus outros livros, foi testado e comprovado.

Portanto, *não* se sente e relaxe. Decida-se a agir segundo o que você está prestes a ler.

Parte 1

Preparação

O primeiro passo para se apaixonar é conhecer-se e encontrar a pessoa que completará você.

Capítulo 1

O que é o amor?

Os povos inuítes do Ártico possuem dúzias de palavras para neve, porque a neve em todas as suas formas – leve, pesada, quebradiça, acumulada e assim por diante – é central para sua vida e sobrevivência diária. Na nossa cultura, a julgar pelas músicas, livros e filmes, o amor é essencial para nossa vida e mesmo assim temos apenas uma palavra para um fenômeno que é infinitamente complexo e variado. O amor toma muitas formas. Existe o amor que sentimos pelos nossos pais, pelos nossos irmãos e pelos nossos amigos, mas, mesmo deixando de lado esse tipo de amor familiar e platônico e focando o amor romântico – objeto deste livro –, ainda há muitas variações. Todos têm uma opinião sobre o amor, mas será que essa emoção universal e caprichosa pode ser definida?

As pessoas vêm tentando entender e explicar o amor há milênios. Na minha opinião, uma das melhores observações sobre o amor vem dos antigos gregos. Há quase dois mil e quinhentos anos, o filósofo Platão falou sobre o amor em termos de completude. Em seu diálogo *O Banquete*, ou *O Simpósio*, ele sugeriu que todos nós buscamos nossa cara-metade na esperança de nos tornarmos um todo. Ele chamou esse desejo humano por completude de busca pelo amor. No mesmo diálogo, o mestre de Platão, Sócrates, disse: "Em nosso amante nós buscamos e desejamos aquilo que não temos".

Todas as religiões têm uma opinião sobre o amor, visto que ele é essencial para nossas crenças espirituais. Se você participar de um casamento cristão, provavelmente ouvirá o que São Paulo disse aos Coríntios: "O amor é paciente, é benigno; o amor não arde em ciúmes, não se ufana, não se ensoberbece".

O judaísmo afirma que marido e mulher se complementam. De acordo com Rabbi Harold Kushner, o Talmude ensina que um homem não é completo sem uma esposa e uma mulher não é completa sem um marido. O Corão também sustenta a ideia de que o amor cria completude ao dizer que "Deus fez o homem e a mulher para se complementarem, assim como a noite completa o dia e o dia completa a noite".

> "Amor e compaixão são necessidades, não luxos. Sem eles a humanidade não pode sobreviver."
>
> *Dalai Lama*

O budismo compara o amor e o casamento à união do vazio com o êxtase. Dalai Lama, líder espiritual do budismo tibetano, diz que: "Amor e compaixão são necessidades, não luxos. Sem eles a humanidade não pode sobreviver".

Cientistas sociais abordam de forma mais analítica o entendimento do amor. Por exemplo, Richard Rapson e Elaine Hatfield, pesquisadores da Universidade do Havaí, dividem o amor em dois tipos principais, que eles chamaram de *amor apaixonado* e *amor companheiro*. Eles definem o amor apaixonado como um estado de desejo intenso e contínuo de união com outra pessoa, que envolve sentimentos sexuais e reações emocionais poderosas. O amor companheiro não é tão efusivo. É cultivar sentimentos delicados e crédulos por alguém. A pessoa se sente profundamente conectada e quer se comprometer com o outro.

Robert Sternberg, professor de psicologia e educação na Universidade de Yale, defende uma teoria triangular do amor, constituída por paixão, intimidade e compromisso. A paixão é a parte física – faz a pessoa se sentir estimulada e audaz, mas, às vezes, leva a decisões ruins. A intimidade é a alegria que você sente ao estar próxima e conectada com alguém, e o compromisso é o acordo mútuo de fazer o relacionamento funcionar. De acordo com Sternberg, diferentes combinações desses três componentes geram diferentes tipos de amor e, quando você consegue fazer todos os três pontos do triângulo funcionarem juntos, consegue um amor eterno.

Um ponto de vista mais pessoal

Romancistas, poetas e escritores projetam um tipo diferente de luz nesta emoção imprecisa. D. H. Lawrence escreveu: "Permita-se apaixonar-se. Se você ainda não o fez, está desperdiçando sua vida". O escritor e romântico francês Marcel Proust, considerado um dos maiores escritores no campo do amor, disse: "O amor é subjetivo. Nós não amamos pessoas reais, mas sim aquelas que criamos na nossa mente". E Antoine de Saint-Exupéry, autor de *O pequeno príncipe*, disse: "A vida nos ensinou que o amor não consiste em olhar um para o outro, mas sim em olhar juntos na mesma direção".

Ninguém falou mais sobre o amor do que o grande poeta William Shakespeare. Em *Sonho de uma noite de verão*, ele escreveu: "O curso do amor verdadeiro nunca fluiu suavemente" e em *Os dois cavalheiros de Verona,* disse: "A esperança é o bastão dos namorados", enquanto em *Como gostais* ele se refere ao amor como loucura.

Não é necessário ser um artista ou um pensador para ter uma percepção do amor. Quando pergunto: "O que é o amor?" em meus workshops, todos têm uma resposta diferente. Carol, de 21 anos, disse: "São borboletas no estômago e sorrisos o tempo inteiro". Ryan, de 32 anos, disse: "É paixão, força, medo, empolgação e confusão". Kristy, de 40 e poucos anos, disse suavemente: "Amar é saber o que a outra pessoa quer sem ter de perguntar". Sua amiga Maggie disse: "É como um rio que corre entre dois corações".

Algumas das minhas definições favoritas do amor vêm das crianças. Quando lhe perguntaram: "O que significa o amor?", Rebecca, de oito anos, disse: "Quando minha avó teve artrite, ela não conseguia mais se curvar para pintar as unhas dos pés. Por isso, meu avô faz isso para ela o tempo todo, mesmo depois de ter tido artrite nas mãos. Isso é amor". Billy, de quatro anos, foi mais poético: "Quando alguém te ama, a forma como a pessoa diz seu nome é diferente. Você sabe que seu nome está seguro em sua boca". O apaixonado pequeno Chris, de oito anos, não poupou palavras floridas: "Amor é quando minha mãe vê meu pai fedorento e suado e ainda diz que ele é mais bonito que o Robert Redford".

As etapas do amor

O amor é tão difícil de definir porque não é uma coisa que você tem ou consegue, como um grande cobertor de plumas. Tampouco é uma profunda e quente piscina na qual você entra. O amor é um processo. É algo que você faz ou que acontece com você, são as emoções e as turbulências físicas que vêm junto com ele. O processo real de se apaixonar acontece com uma progressão natural, e passa por quatro etapas: *atração*, *conexão*, *intimidade* e *compromisso*. A primeira etapa trata principalmente da atração física e é acionada por sinais não verbais que fornecemos por meio de uma combinação de atitude, constituição física e vestuário – nossa aparência geral. As próximas etapas tratam principalmente da atração mental ou emocional, desenvolvimento de intimidade e compartilhamento de confidências. E quem diria que, com mais frequência do que imaginamos, tudo começa com um olhar e um sorriso?

O primeiro passo na formação de qualquer novo relacionamento é a atração. Sem atração, nada acontece. Os seres humanos passam a vida toda se avaliando – principalmente quando conhecem estranhos. É nossa natureza. A avaliação instantânea que fazemos quando encontramos alguém pela primeira vez é chamada de *resposta de luta ou fuga*, mas isso é um pouco equivocado: na verdade, é resposta de luta, fuga ou atração. Cada novo encontro representa uma ameaça ou uma oportunidade. Fazemos julgamentos instantâneos: esta pessoa é um amigo ou um inimigo, uma oportunidade ou uma ameaça, atrativa ou repulsiva? Todos temos nossas ideias e preferências, muitas das quais foram influenciadas pela sociedade, mídia, pais e amigos. Algumas pessoas nos fazem sentir ameaçados; outras nos fazem sentir confusos e outras imediatamente nos atraem. No geral, nos sentimos atraídos pelas pessoas que acreditamos possuir as mesmas preferências e ideais.

Se duas pessoas se conhecem e se sentem atraídas, ótimo. O caminho está traçado para o segundo passo em direção ao amor: a conexão. Enviar os sinais errados ou usar as palavras erradas pode fazer tudo desmoronar tão rápido quanto começou, mesmo se houver potencial. Enviar os sinais certos e dizer as coisas certas torna a conexão fácil e confortável. Depois é preciso passar ao próximo passo – criar algum tipo de intimidade. É nessa etapa que você deve fazer a pessoa falar e continuar falando.

Enviar os sinais errados ou usar as palavras erradas pode fazer tudo desmoronar tão rápido quanto começou, mesmo se houver potencial.

Existem dois tipos de intimidade: a emocional e a sexual. Este livro trata principalmente da intimidade emocional. Ensinaremos apenas algumas técnicas de paquera com carga sexual, mas deixaremos sua vida sexual em suas mãos. A intimidade emocional é alcançada tanto por meio de sinais verbais, tais como contato visual prolongado e toque incidental, quanto por um estilo de conversa chamado autoexposição, no qual você compartilha seu verdadeiro eu com outra pessoa. Quanto mais vocês dois revelam, mais identificam aspectos pequenos, porém cruciais, de vocês mesmos no outro, podendo provocar sentimentos de unidade e identidade. A partir daqui a transição para o compromisso com seu oposto compatível será tão natural como a própria autopreservação. Na verdade, é quase a mesma coisa. Nesse momento, você sabe que não está mais sozinha – sente-se completa, comprometida e viva.

Amor por acaso

Não seria ótimo se pudéssemos nos apaixonar pela pessoa certa à primeira vista? Às vezes isso acontece. Ela olha, ele olha, ela sorri, ele sorri – de repente paixões são provocadas, inibições são descartadas e bum! – Amor à primeira vista. Isso acontece quando duas pessoas imediatamente reconhecem algo na outra que elas absolutamente sabem o que querem. A atração é tão profunda que as compele a agir – na verdade, normalmente é tão forte que todo o cuidado e bom senso voam pela janela.

Pesquisas mostram que não é apenas uma atração física ou sexual, mas sim um reconhecimento mútuo de que as duas pessoas se complementam perfeitamente em termos de personalidade e temperamento.

O Dr. Earl Naumann, autor de *Amor à primeira vista*, entrevistou e analisou 1.500 indivíduos de todas as raças, religiões e trajetórias na América e concluiu que o amor à primeira vista não é uma experiência rara. Além disso, o Dr. Naumann afirmou que, se você acredita em amor à primeira vista, existe 60% de chance de que isso ocorra com você. Estes foram os pontos que o levaram a chegar a essa conclusão:

- Quase dois terços da população acredita em amor à primeira vista.
- Dos que creem, mais da metade já vivenciou essa experiência.
- 50% das pessoas que já vivenciaram essa experiência se casaram com o objeto de seu afeto.
- Três quartos desses casais permaneceram casados.

Tomemos como exemplo a história de Francis e Eileen, pais de dois dos meus amigos mais próximos. Durante a Segunda Guerra Mundial, Francis era piloto do avião Spitfire e em uma noite participou de uma apresentação teatral para as tropas. "No momento em que Eileen entrou no palco, a sensação mais estranha tomou conta de mim", Francis me contou. "Eu pensei: '*Aquela é minha mulher*'. Não tive a menor dúvida. Não tinha ideia de quem ela era, mas sabia que aquela mulher ficaria comigo pelo resto da minha vida. Quando o *show* terminou, fui até os bastidores e apresentei-me. Nossos olhares se encontraram e senti uma enorme explosão de amor que me deixou sem ar. Lembro que pensei que aquele momento único fez toda a minha vida valer a pena".

Francis e Eileen estão casados há 48 anos e têm dois filhos e cinco netos. Curiosamente, muitos anos depois seu filho Martin, que hoje é um bem-sucedido homem de negócios, estava sentado em um bar de Chicago quando três aeromoças entraram no local. "O tempo parou", ele me contou. "Eu virei para um colega e disse '*Aquela é minha mulher*'". Ele estava certo. Hoje, 24 anos depois, eles têm três lindos filhos adolescentes.

Ninguém quer ficar sozinho

Por que ter alguém especial é tão importante para os seres humanos? Não é só pelo companheirismo, pela segurança ou pela conveniência, mas também porque temos uma necessidade de nos expressarmos emocional e intelectualmente. Todos nós precisamos de alguém em quem confiar para conversar, compartilhar experiências e expressar nossas ideias. Queremos alguém com quem possamos compartilhar os prazeres da vida e, o mais importante, alguém que nos dê uma resposta – que reaja ao que dizemos e nos diga como estamos indo. Precisamos de alguém que nos observe, que nos valide e nos faça sentir completos.

Quando duas pessoas se comunicam de forma aberta e regular, expressando seus sentimentos e emoções, elas oferecem segurança, esperança e conexão para um futuro. Encontramos tudo isso e mais quando nos expressamos no amor. Cientistas comprovaram que a resposta emocional compartilhada entre duas pessoas apaixonadas equilibra, regula e influencia o ritmo vital do seu corpo e as mantém saudáveis. A frequência cardíaca, a pressão sanguínea, o equilíbrio hormonal e a absorção de açúcar no sangue melhoram quando duas pessoas se unem emocionalmente no amor. Em outras palavras, aquela antiga expressão "Eles têm uma verdadeira química" não é meramente uma metáfora. Pessoas apaixonadas simplesmente não se tornam mais cheias de vida, elas têm uma tendência a permanecer vivas e ter uma vida mais rica, mais saudável e mais empolgante.

Em busca do amor

Se o amor é essencial para nossa saúde e bem-estar, por que às vezes é tão difícil encontrá-lo? Para começo de conversa, muito do que Hollywood vem nos mostrando sobre o parceiro perfeito é uma grande baboseira. A mídia em geral nos orienta muito mal quando se trata de encontrar uma pessoa que possa nos completar. Se você lê revistas femininas ou assiste à televisão ou a filmes, é fácil acreditar que deve ter uma determinada aparência, um determinado cheiro, conversar sobre determinadas coisas e aspirar a determinados objetivos financeiros e profissionais limitados se quiser entrar na corrida por um companheiro.

As pessoas que você vê na televisão e nas revistas, na verdade, são como você e eu. Sei disso, pois costumava fotografá-las. Elas são pessoas normais com boas roupas, boa maquiagem e bom foco. Falam palavras escritas por outras pessoas, vestem roupas que outras pessoas escolheram para elas, passam metade da vida fazendo dietas e às vezes passam por dolorosas cirurgias. Seu *glamour* faz parte de uma ilusão que permitimos que seja imposta sobre nós. A ironia é que, quando você levanta as cortinas, descobre que todo o estilo, a tonificação e o bronzeamento não agregam muito à autoestima dessas pessoas. Por dentro, elas são como todos nós.

Na tentativa de satisfazer os ideais da mídia, fomos ludibriados a usar máscaras e a gostar de pessoas que também usam máscaras. Será que é mesmo uma surpresa o fato de que, quando as máscaras caem e vemos o que há atrás delas, encontramos incompatibilidade, frustração e raiva? E é uma surpresa o fato de a taxa de divórcio atualmente ser de 50%?

Não estou sugerindo que você se acomode – é exatamente o contrário; aproveite ao máximo o que tem. Só quero que perceba que não há nada de errado com você se não se parecer com as pessoas da televisão e das revistas, porque nem elas se parecem com elas mesmas. Seja autêntica, maximize o que você tem e livre-se das máscaras. Você poderá descobrir que está escondendo o que realmente tem para oferecer.

Também fomos condicionados a acreditar que nosso príncipe ou princesa entrará na nossa vida como num conto de fadas, mas, na maior parte do tempo, não é assim que funciona. Claro, o amor à primeira vista acontece (ver box "Amor por acaso"), mas não é prudente contar com isso. Se você perder seu emprego e simplesmente ficar esperando alguém bater na sua porta oferecendo um cargo maravilhoso, talvez espere uma eternidade. Você precisa se expor – conversar com pessoas, explorar oportunidades, fazer conexões. É aí que entra o *amor por encomenda*.

O amor por encomenda é uma série de passos que a ajuda a se conectar com seu oposto compatível. Não é frio ou calculista e não se contenta com qualquer coisa. É a compreensão do processo de se apaixonar pela pessoa *certa* e de dar passos deliberados para fazer que isso aconteça.

O amor por encomenda se aproveita das experiências das pessoas que acertaram e estão em um relacionamento feliz e duradouro, mas, como os erros normalmente são os melhores professores, ele também se aproveita das pessoas que constantemente se equivocaram. O amor por encomenda usa uma rica linguagem corporal e técnicas linguísticas para ajudar você a fazer o melhor uso do seu corpo, da sua personalidade e das suas habilidades de comunicação. Você começará avaliando sua conversa consigo mesma, seu diálogo interno, seus valores e motivações, além de analisar o tipo de pessoa que você pensa que é. Depois analisará sua personalidade e características comportamentais. Você é extrovertida ou introvertida? Racional ou emocional? Visual, física, sinestésica ou auditiva? Depois que tiver um bom entendimento sobre si, você poderá descobrir que tipo de pessoa tem mais probabilidade de amar e ser amada.

Quando souber o que está procurando, poderá ajustar sua *autoapresentação* para causar uma ótima primeira impressão. Você pode aperfeiçoar suas *habilidades de compreensão* para acelerar sua habilidade de conectar-se com alguém e encontrar afinidades. A partir daí, poderá deslizar rapidamente para a intimidade por meio da *autoexposição*, compartilhando o tipo de informação confidencial que cria laços entre as pessoas. Ensinarei você a gerenciar o tempo, o risco e a agitação em tudo isso, para que possa avançar da forma mais efetiva e natural possível.

Exercício 1

Quem é você? Como você é?

Dedique alguns minutos para refletir sobre as seguintes perguntas sobre como você se vê, como acredita que os demais a veem e quais qualidades considera importantes nos demais.

1. Quais são as cinco palavras que você utilizaria para se descrever?

2. Quais são as cinco palavras que você acha que outras pessoas usariam para a descrever?

3. As palavras são similares? Se não, por que você acha que há uma diferença?

4. Com exceção de comentários sobre sua aparência, qual foi o melhor elogio que alguém poderia fazer a você?

5. Em sua opinião, quais são as três qualidades mais importantes em um amigo? Em um parceiro de negócios? Em companheiro de uma relação amorosa?

Capítulo 2

Quem completará você?

Imagine que você terá de passar o resto de sua vida em um barco a remo. É um barco grande, portanto é necessário que duas pessoas remem para que ele continue se movimentando. Você e o outro remador devem decidir qual direção seguir, devem remar com o mesmo ritmo e a mesma velocidade e se contentar em ficar cada um do seu lado do barco – caso contrário, andarão em círculos até enlouquecerem. Diante de tudo isso, não há dúvidas de que você será muito seletivo ao escolher seu parceiro.

Esse barco é como um relacionamento amoroso, e não é qualquer pessoa que poderia ajudar a remá-lo. Para começar, é preciso encontrar alguém que está seguindo o mesmo caminho que você, alguém com quem você se entenda e que, ao mesmo tempo, possa enchê-la de entusiasmo quando os esforços dessa jornada parecerem muito difíceis. Haverá momentos para dar e momentos para receber, e diversos momentos em que vocês terão que animar um ao outro, suportar algumas lamentações e sofrimentos, alegrar um ao outro, acalmar-se, manter-se seguros, resistir a uma tempestade, aquecer-se sob o sol, fazer amigos ao longo do caminho, cuidar um do outro e abrir espaço para outros passageiros. Com tantos aspectos influenciando sua escolha, você provavelmente deverá considerar alguns parceiros antes de encontrar a pessoa certa.

Vocês crescerão juntos conforme remarem juntos, combinando cada remada (na medida do possível), cada um em seu lado do barco. O parceiro que você escolher deve ser capaz de tornar a viagem interessante, abrindo seus olhos para novos pensamentos, novas ideias e novos horizontes enquanto vocês seguem viagem. Você precisa encontrar alguém que a entenda e a complemente, alguém que seja parecido com você em alguns aspectos e diferente em outros. Precisa encontrar seu oposto compatível e fazer que ele se apaixone por você.

A chave para o coração

No início dos meus cursos, pergunto aos participantes: "O que você faz para que alguém se apaixone por você?". A gama de respostas é tão variada quanto as definições de amor que vimos no último capítulo.

Certa vez, um rapaz de vinte e poucos anos disse:

– Você a leva ao topo de uma montanha-russa para deixá-la empolgada e depois diz que quer ser seu namorado.

– E funciona? – eu perguntei.

– Não – ele disse –, mas li em algum lugar que deveria funcionar.

Uma atraente jovem de trinta e poucos anos disse:

– Eu não hesito e vou atrás dos homens pelos quais me sinto atraída.

– E funciona?

– Não – ela admitiu –, continuo fazendo papel de boba.

Outro rapaz bonito e muito bem-vestido confessou:

– Deixe que ela saiba o quão rico você é.

– Funciona?

– Claro – ele respondeu –, se você estiver procurando mulheres interesseiras.

Uma mulher de cabelo escuro e de quase trinta anos disse:

– Sou uma pessoa amigável e aberta, mas acabo me tornando amiga de muitas pessoas parecidas comigo.

Um rapaz de boa aparência com um forte sotaque australiano disse:

– Eu faço um jogo de quente e frio com ela: em um dia, flores e romance, depois não retorno suas ligações por uma semana, depois lhe dou toda a atenção novamente, como se ela fosse a única mulher do mundo.

– Funciona?

– Sim e não. Depende de como você chamaria dois casamentos fracassados.

O fato é que a maioria de nós não tem muita ideia de como encontrar o amor e, como resultado, tratamos esse assunto de forma muito aleatória. Estamos tão convencidos de que o amor deve acontecer naturalmente – como nos filmes –, que ficamos contando com o acaso. No entanto, assim como ocorre em outros aspectos da vida, você tem uma chance muito maior de encontrar alguém quando sabe o que está procurando.

O princípio da completude

Quando ouvimos pessoas em relacionamentos sólidos, divertidos, produtivos e duradouros dizerem coisas como "Ela me faz sentir completo" ou "Nós sentimos que somos perfeitos um para o outro", todas elas estão dizendo a mesma coisa: ambos os parceiros trazem para o relacionamento as qualidades que o outro não tem e juntos eles se sentem como a soma de suas partes. Esses casais estão nos dizendo que são opostos que se completam psicologicamente e suas divergências são o aspecto fundamental para seu relacionamento. Lembre-se do que Sócrates disse: "No amor, buscamos e desejamos aquilo que não temos".

A maioria das amizades se baseia no fato de que nós gostamos de pessoas que são parecidas conosco: é como a expressão "farinha do mesmo saco". Obviamente, nossos amigos não são nossos clones – podemos ser diferentes em vários aspectos –, mas intimamente costumamos ter muitas coisas em comum, sejam valores, passatempos, tradições, crenças políticas, aspectos culturais, entre outras. Geralmente, quanto mais semelhanças vocês tiverem, melhor será seu relacionamento.

Esse mesmo elemento de semelhança é obrigatório em relacionamentos amorosos. Você verá isso por todos os lados: pessoas que gostam de sair preferem pessoas com essa mesma característica, intelectuais escolhem intelectuais, ricos e famosos se aproximam de seus semelhantes, e assim por diante. Encontramos conforto na familiaridade. Quanto mais coisas você tem em comum com uma pessoa, mais confortável e confiante se sente. No fim das contas, é muito mais fácil conviver harmonicamente com alguém com quem você compartilha as mesmas crenças e objetivos em relação ao dinheiro, realização profissional, educação dos filhos e assim por diante. Os exemplos de milionários de Hollywood que se casam com camareiras e vivem felizes para sempre são românticos e divertidos de assistir, mas, se você estiver procurando um amor duradouro, não será tão fácil assim.

Familiaridade e amizade não são suficientes para sustentar um relacionamento amoroso. É preciso algo mais.

No entanto, familiaridade, amizade e motivações compartilhadas não são suficientes para sustentar um relacionamento amoroso. É preciso algo mais, uma dimensão totalmente nova que conduza à expansão, ao crescimento e ao dinamismo. É aí que entra o oposto.

Pessoas com personalidades e traços comportamentais diferentes se complementam. Por exemplo, se você é uma pessoa impulsiva e assertiva, pode se relacionar melhor com uma pessoa mais relaxada, mas que seja contagiada por sua energia. Vejamos como isso funciona em uma situação real.

Meros opostos

Durante toda a nossa vida, ouvimos dizer que os opostos se atraem, mas será que isso é verdade? A resposta mais curta é: "De vez em quando". Às vezes nos sentimos atraídos por pessoas que não se parecem nem um pouco conosco – elas podem ser bem mais novas ou mais velhas, mais independentes ou responsáveis –, mas tudo indica que não demorará muito para que um dos dois, ou ambos, decidam abandonar o barco, deixando o outro a remar em círculos novamente.

> Geralmente, esses relacionamentos acontecem em um momento de transição na nossa vida, um período em que, por uma razão qualquer, queremos romper com nossos antigos padrões. Por algum tempo, talvez nos sintamos encantados com o contraste. Pessoas responsáveis podem se empolgar ao experimentar o lado selvagem, enquanto boêmios perseverantes podem se sentir confortáveis ao fazer as coisas do modo mais apropriado. No entanto, à medida que o relacionamento se desenvolve, é possível que comecemos a ver as diferenças do nosso parceiro como falhas que precisam ser consertadas e tentar moldá-lo como acreditamos que ele deveria ser – e geralmente achamos que ele deveria ser mais parecido conosco.

Alan é um jovem bonito e perspicaz, de trinta e poucos anos de idade, e vice-presidente de recursos humanos, que conheci em um dos meus workshops, alguns anos atrás. Ele está pronto para se casar e começar uma família, já namorou diversas mulheres elegantes e bonitas, com grandes carreiras (uma delas era apresentadora de rádio, outra gerenciava uma empresa de software), mas, apesar de sempre se entusiasmar no início, os relacionamentos pareciam fracassar depois de alguns meses. Um dia, Alan conheceu Sarah. Os amigos de Alan notaram que Sarah era bonita o suficiente, mas não como as moças que ele costumava namorar. Seu trabalho não é especialmente glamoroso nem dinâmico: ela é gerente adjunta de um hotel local.

Mesmo assim, Alan disse:

– Sarah me fez sentir especial desde que a conheci. Seu carro quebrou na minha frente, em um cruzamento movimentado, e eu fui ajudá-la. Ela ficou muito agradecida. – Ele riu. – Minhas outras namoradas provavelmente teriam me dito para cuidar da minha própria vida, porque elas poderiam se virar sozinhas.

Alan logo aprendeu que não importava o que ele e Sarah estavam fazendo juntos, ela o fazia se sentir energizado e responsável de uma forma sutil, algo que ele nunca havia sentido com nenhuma outra namorada. Elas diziam que o amavam, mas ele sempre sentiu que em algum nível elas estavam competindo com ele, mesmo em coisas triviais. Algo diferente estava acontecendo com Sarah, e ele estava se apaixonando mais profundamente do que nunca.

– Parece estranho, mas é como se fôssemos feitos um para o outro.

– O que faz Sarah ser diferente das outras? – perguntei a ele.

Ele respondeu imediatamente:

– Ela me faz sentir motivado, como se eu pudesse enfrentar o mundo e vencer.

– O que mais?

– Três palavras: ela é inteligente, cuidadosa – ele fez uma pausa – e elegante.

– Elegante?

– Sim. Ela sempre se veste bem e tem uma harmonia.

Conheci Sarah mais ou menos um mês depois, quando Alan convidou Wendy e eu para passear em seu veleiro. Ancoramos em uma baía e, enquanto eles preparavam o almoço, Sarah e eu tivemos a oportunidade de conversar.

– Vocês dois realmente combinam – eu disse.

– Até agora está tudo correndo bem.

Eu ri.

– Como assim?

– Acho Alan incrível. Ele faz muitas coisas, e sempre tem tempo para se divertir, para aproveitar a vida, como velejar neste barco.

– Foi isso que a atraiu nele?

– Bem, eu amo essa característica dele, mas, na verdade, essa não foi a coisa mais importante. No dia em que eu o conheci, depois de ele ter me ajudado com meu carro, insisti em pagar um café e acabamos conversando por mais de uma hora sobre política e vários assuntos, porque havia uma eleição específica ocorrendo no momento. Ele ouviu atenciosamente o que eu tinha a dizer e fez ótimas perguntas. Claro, ele era bonito e divertido e tudo mais – e você pode não acreditar nisso –, mas senti que ele me levava realmente a sério, de uma forma que nenhum outro namorado havia feito. Foi isso que fez eu me apaixonar por ele.

Alan satisfez uma necessidade de Sarah: por um lado, fez ela se sentir radiante, bem, inteligente e completa. Por outro, Sarah fez Alan se sentir motivado, alerta e forte. Eles foram a resposta para as perguntas um do outro.

Conheça-se primeiro

Quando alguém nos pergunta o que buscamos em um possível parceiro, a maioria geralmente descreve alguns de seus atributos: "alguém com um grande senso de humor" ou "uma pessoa com muita energia e um espírito aventureiro" ou até mesmo o clássico "alto, moreno e bonito". Mas seria melhor se focássemos não a pessoa que estamos procurando, mas sim nós mesmos – principalmente como nos sentiríamos com essa pessoa. Como eu disse na introdução, na verdade, não nos apaixonamos por uma pessoa; apaixonamo-nos pelos sentimentos que temos quando estamos com ela. Isso foi o que Alan e Sarah estavam sentindo. Cada um deles aprecia os sentimentos que têm quando estão próximos – ou quando pensam um no outro.

Para descobrir o que é necessário para que você se sinta completa, responda a estas duas simples perguntas:

1. Você se considera uma pessoa racional ou emocional?
2. Você se descreveria como uma pessoa sociável ou reservada?

Sarah respondeu *racional* e *reservada*, enquanto Alan respondeu *racional* e *sociável*. Por um lado, eles são parecidos e, por outro, são diferentes: por isso, são opostos compatíveis.

O quadro que explica sobre a razão e a emoção a ajudará a ter uma percepção melhor sobre sua personalidade e a descobrir qual tipo de pessoa a complementaria melhor. Não existem respostas certas ou erradas, portanto apenas use seus instintos. Comece eliminando os quadrantes que definitivamente não se aplicam a você e depois veja qual se aplica melhor à sua personalidade. Pode ser que algumas coisas nesse quadrante não se apliquem, mas ignore-as. Nem tudo será uma combinação perfeita. E lembre-se, isso é o que você pensa sobre si, não o que outras pessoas pensam sobre você. Seja honesta. Ninguém mais lerá suas respostas.

Emocional

Durante séculos, pensadores dividiram as personalidades em quatro tipos principais. Hipócrates, o pai da medicina moderna, referiu-se a eles como *fleumático*, *colérico*, *melancólico* e *sanguíneo*, pois acreditava que os fluidos do corpo influenciavam os traços da personalidade. O inovador psiquiatra Carl Jung nomeou seus quatro tipos de personalidade como personalidade *pensativa, sensitiva, sentimental e intuitiva.* Independentemente dos nomes, as categorias são muito semelhantes.

Hoje, muitas organizações profissionais que lidam em vendas, educação e motivação utilizam mais ou menos a mesma divisão. O sistema DISC, por exemplo – *D* de dominância (controlador), *I* de influência (promotor), *S* de estabilidade (apoiador), e *C* de conformidade (analista) – vem sendo utilizado para traçar o perfil da personalidade de mais de 50 milhões de pessoas nos últimos 30 anos, e o sistema McCarthy 4MAT é amplamente utilizado em todo o mundo, para mostrar como indivíduos, grupos e organizações assimilam e reagem a informações. Apesar de esses sistemas de perfis variarem um pouco e usarem rótulos diferentes, os quatro tipos de personalidade que eles identificam são muito semelhantes.

Em termos gerais, cada tipo de personalidade tem uma característica-chave que deve ser validada. Os analistas precisam se sentir inteligentes, os controladores gostam de se sentir poderosos, os promotores atuam melhor quando se sentem importantes e os apoiadores gostam de se sentir valorizados. Ao conversar com pessoas em relacionamentos longos e vibrantes sobre como seus opostos compatíveis os complementam, foram esses sentimentos que surgiram repetidamente. "Sinto-me o homem mais inteligente do mundo quando estou com ela", um analista me diria. Uma controladora poderia dizer: "Ele me faz sentir mais forte". Um prestativo diria: "Ela faz eu me sentir útil". E um promotor diria: "Ela faz eu me sentir realmente importante". Além do mais, quando questionadas sobre relacionamentos anteriores que não deram certo, as pessoas consideraram a falta desses sentimentos como a causa fundamental.

A linguagem do amor

Quando perguntados: "Como você se sente com a pessoa que ama?", obviamente nem todos usaram a palavra inteligente, poderoso, valioso ou importante, mas a maioria dos entrevistados transmitiu esses sentimentos de várias maneiras. Algumas das palavras que eles usaram estão no quadro abaixo. Tudo se resume à necessidade de sentir-se inteligente, poderoso, valioso e importante. Claro que a maioria das pessoas necessita sentir todas essas coisas ou combinações delas de vez em quando, mas socialmente uma sempre se sobrepõe às demais. Analistas são racionais e reservados e estão mais interessados em realizar as tarefas da maneira correta do que em realizá-las. Tomam decisões lógicas e racionais, detestam quando estão errados e necessitam que as pessoas os considerem inteligentes. Controladores são racionais e sociáveis e ficam mais felizes quando se sentem poderosos. Realizam as tarefas, mas provavelmente serão chamadas de "mandões" ou "dominadores" em algum momento de sua vida. Os controladores necessitam se sentir poderosos publicamente.

Por um lado, uma pessoa emocional e socialmente reservada provavelmente é apoiadora. Gosta de ser valorizada por outras pessoas por seu carinho, apoio e confiabilidade. Uma pessoa emocional e sociável, por outro, é provavelmente do tipo promotora, uma borboleta social persuasiva que adora ser o centro das atenções. É importante para ela sentir-se importante.

Inteligente	**Poderoso**	**Valioso**	**Importante**
Sensível	Corajoso	Protegido e seguro	Como um herói
Esperto	Confiante	Estimado	Bem-sucedido
Perspicaz	Motivado	Indispensável	Famoso
Correto	Forte	Útil	Persuasivo
Intuitivo	Batalhador	Parte de algo	Eloquente
Sábio	Automotivado	Amável	Popular
Levado a sério		Pacífico	Influente
Perfeito		Precioso	Otimista
		Interessante	

Considerando que as pessoas se combinam das formas que são mais importantes para elas (interesses, valores, religião etc.), indivíduos que

Mais racional do que emocional

Mais reservado | **Mais sociável**

1 Analista

- Perfeccionista
- Limpo e organizado
- Detalhista
- Consciente e correto
- Sistemático e preciso
- Gosta de planejar
- Segue instruções precisamente
- Gosta de fatos e lógica
- Não tolera descuido
- Não gosta de imprevisibilidade

Reage bem quando está certo.
Reage mal quando está errado.
Característica-chave: *Inteligente*

2 Controlador

- Ativo
- Rápido e decisivo
- Direto e autoconfiante
- Prático
- Gosta de poder e prestígio
- Inquieto
- Possui um grande ego
- Obstinado e assertivo
- Pode ser argumentativo
- Não gosta de indecisão

Reage bem quando obtém resultados.
Reage mal quando perde o controle.
Característica-chave: *Poderoso*

3 Apoiador

- Confiável e bom ouvinte
- Simpático e cooperativo
- Gosta de trabalhar nos bastidores
- Leal, sincero e solidário
- Sente profundamente, mas esconde os sentimentos
- Modesto, despretensioso e paciente
- Preocupa-se profundamente com as pessoas
- Não gosta de mudanças repentinas
- Honesto e confiável
- Não gosta de insensibilidade

Reage bem à aceitação.
Reage mal à rejeição.
Característica-chave: *Valioso*

4 Promotor

- Entusiasmado
- Persuasivo e divertido
- Espontâneo e amigável
- Adora compartilhar ideias
- Conversador
- Aprecia reconhecimento e prestígio
- Não gosta de preencher formulários
- Pode ser desorganizado
- Prefere contato cara a cara
- Impaciente
- Não gosta de rotina

Reage bem à admiração.
Reage mal à desaprovação.
Característica-chave: *Importante*

Mais emocional do que racional

pertencem a quadrantes opostos têm mais chance de criar um laço duradouro do que pessoas que pertencem ao mesmo quadrante. Imagine duas pessoas que gostam de poder remando o mesmo barco, ambas disputariam a posição dominante, ambas iriam querer determinar o percurso e o ritmo da viagem. Imagine até aonde duas pessoas que gostam de se sentir importantes iriam para conseguir atenção. O mesmo para duas pessoas que gostam de se sentir inteligentes, pois uma criticaria as decisões da outra e a colocaria para baixo para se sentir mais inteligente (ou viveria constantemente com medo de parecer estúpida em relação ao seu par). No caso de duas pessoas que buscam valores, uma sempre procuraria o apoio da outra e simplesmente remaria junto, preferindo concordar com qualquer coisa que o outro dissesse e adiando a balançar o barco.

É melhor unir um promotor e um analista e ter uma viagem bem planejada e divertida, pois um parceiro estaria disposto a compreender a necessidade do outro de se sentir inteligente. Ou unir um controlador e um apoiador e ter um capitão confiante e uma tripulação disposta a ajudar. Ou colocar um apoiador com um promotor e ter um palácio flutuante divertido. Você entendeu a ideia. Um mais um ainda é igual a dois, mas quando esses dois são opostos compatíveis, as possibilidades parecem infinitas.

Se você já pisoteou as características-chave do seu parceiro, utilize sua compreensão do que o motiva para reparar a situação. Mostre ao seu parceiro analista que ele é inteligente e que você respeita suas ideias, ou certifique-se de que seu parceiro apoiador se sinta valorizado, e assim por diante. No futuro, não se esqueça de tratar as características-chave do seu parceiro com cuidado.

Na segunda vez

Conheço Michael desde que ele tinha 14 anos e o encontrei esporadicamente ao longo dos anos. Hoje, ele tem o mais alto cargo executivo de uma empresa têxtil com mais de 450 empregados. Um dia estávamos almoçando, quando seu amigo Brian foi até nossa mesa para cumprimentá-lo. Nós o convidamos para se sentar e, durante a conversa, descobri que Brian está muito bem casado com Virginia, ex-mulher de Michael. Além disso, Brian e Virginia têm a custódia do filho de Michael. E Michael está muito bem casado, há 12 anos, com uma mulher chamada Kim.

Experimente!

Coloque estas descobertas à prova. Digamos que você seja uma pessoa promotora e se sinta melhor com alguém que a faça se sentir importante. Faça uma retrospectiva da sua vida e dos relacionamentos que teve com outras pessoas – não apenas as pessoas com as quais você se envolveu romanticamente, mas também amigos, colegas de trabalho etc. As pessoas com as quais você se sentiu melhor são também aquelas que fizeram você se sentir importante?

Tanto Michael quanto Brian tiveram uma atitude fantástica em relação à situação e ficaram felizes em conversar comigo sobre o assunto. Comecei perguntando-lhes o que eles achavam da frase que introduzi anteriormente: Não nos apaixonamos por outras pessoas; nós nos apaixonamos pelos sentimentos que experimentamos quando estamos com elas. Ambos concordaram que faz sentido.

Depois pedi a Michael que completasse esta frase:

"Mais que qualquer coisa, Kim me faz sentir ________________".

"Essa é fácil", ele respondeu, "irrefreável". Eu perguntei a ele: "Virginia alguma vez já fez você se sentir irrefreável?". Ele riu. "De jeito nenhum."

Pedi a Brian que respondesse a mesma pergunta em relação à Virginia. Sem demora ele disse: "A palavra que vem à minha mente é 'sensata'".

Depois perguntei a Michael se Virginia já o havia feito sentir-se sensato. "Se você quer saber a verdade, ela me fez sentir um pouco inseguro."

Naquele momento, eu estava dando os últimos retoques nas autoavaliações do final deste capítulo e pedi a Michael e Brian que fizessem o teste lá mesmo, no restaurante, durante a sobremesa e o café. Michael terminou primeiro: "Sem dificuldades", ele disse, entregando-me os resultados. Como eu suspeitava, ele é do tipo controlador. Brian demorou um pouco mais e criticou alguns detalhes, dizendo que o teste não era perfeito. Michael sorriu e olhou para ele, dizendo: "Já descobri: você é um analista". Brian sorriu. "Sim, provavelmente você está certo."

Perguntei se eles se importariam se Virginia e Kim também realizassem a avaliação – sem a interferência deles. Alguns dias depois, elas me enviaram os resultados por e-mail: Virginia é controladora e Kim é apoiadora.

Todos esses quatro tipos de pessoas são compatíveis social, cultural, intelectual e até mesmo fisicamente, mas o casamento de Virginia e Michael não deu certo porque ambos são controladores. Os segundos casamentos, de Virginia com Brian e de Michael com Kim, são bem-sucedidos porque ambos encontraram seus opostos psicológicos complementares.

Campos minados mentais

A forma mais rápida de destruir um relacionamento (principalmente se vocês não forem opostos compatíveis) e trazer à tona o pior em seu parceiro e menosprezar suas características-chave. Essas características conduzem seu comportamento e sua personalidade e, ao longo do tempo, danificá-las pode gerar consequências graves.

Por exemplo, controladores prosperam quando sentem que conseguem manter as coisas na linha e que todos os sistemas funcionam sem problemas. Evite fazer com que seu parceiro controlador sinta que está perdendo o controle, ou ele poderá se tornar um valentão. Com o tempo você pode fazê-lo buscar outras formas de restabelecer seu senso de poder.

Da mesma forma, se você tem um parceiro do tipo analista e costuma envergonhá-lo ou humilhá-lo, ele pode se tornar implicante ou rabugento e as coisas podem não voltar a ser como antes. Em longo prazo, você corre o risco de ser deixada e de ele buscar respeito em outra pessoa.

Você pode fazer muitas coisas para seu parceiro promotor, mas, se ignorá-lo ou desaprová-lo muitas vezes, ele explodirá e ficará aborrecido, além de talvez sentir-se obrigado a buscar apreço e importância em outro lugar.

Um parceiro apoiador será bastante tolerante, mas, se você rejeitar seus sentimentos constantemente, ele se fechará e somente depois de muito tempo – se acontecer – ele voltará a confiar em você. No fim das contas, ele buscará compreensão, valor e aceitação nos braços de outra pessoa.

Entusiasmo mútuo

Muitos relacionamentos começam como um resultado apenas de percepções exteriores. Vemos alguém que parece combinar conosco e tentamos começar algo a partir desse ponto. No entanto, como em qualquer outro tipo de construção, precisamos de uma base sólida e equilibrada que possa durar. Quando você avançar neste capítulo e realizar o teste de autoavaliação a seguir, descobrirá que tipo de pessoa você é, quais sentimentos a fazem sentir-se viva para o amor e que tipo de pessoa tem mais probabilidade de ser seu oposto compatível. O amor é basicamente um entusiasmo mútuo: as coisas só entram em sintonia quando você está com a pessoa certa, e ficam ainda melhores quando isso ocorre para ambos. No fim das contas, o objetivo é parar de tentar fazer as coisas funcionarem e de tentar se esforçar em relacionamentos incompatíveis, para poder encontrar alguém compatível que a complemente tanto quanto você o complementa.

Bons relacionamentos surgem facilmente. Comece a observar com qual tipo de pessoa você se sente mais confortável. Inúmeras vezes, as pessoas dizem: "O que eu gosto em tal pessoa é que não preciso modificá-la". Esta é uma dica incrível para um bom relacionamento. Procure pessoas com quem as conversas e as conexões ocorram facilmente. Se as coisas não derem certo para vocês, não se culpe nem se critique por isso. Seja agradável se for você quem decidir que não está dando certo e depois siga adiante. Se for a outra pessoa que disser: "Você é ótima, mas eu não acho que seja a pessoa certa para mim", acredite nela e esqueça o assunto.

Tentar mudar seu jeito e querer ser como o outro deseja não funciona. Não se pode forçar o amor.

Como você poderá encontrar algo se não souber o que está procurando?

No filme *O Diário de Bridget Jones,* Bridget se viu dividida entre dois homens: um que era bom demais para ser verdade e outro que era tão errado que acabou sendo certo. Ela descobriu da maneira mais difícil que, se tivesse escolhido passar o resto de sua vida com Daniel Cleaver, seria uma receita para mágoa e desastre, enquanto ficar com Mark Darcy seria uma receita para amor e romance. Se você olhasse mais de perto, perceberia que, com exceção de seu gosto por festas, ela e Daniel Cleaver tinham muito pouco em comum no que diz respeito aos valores. Ele era um canalha e uma fraude; ela era honesta e franca. Com Mark Darcy a história era diferente: ambos eram honestos e íntegros, embora tivessem personalidades diferentes: ele era reservado e lógico e ela era sociável e emotiva, ou seja, eles eram Opostos Compatíveis.

No entanto, *O Diário de Bridget Jones* foi uma exceção em Hollywood. A maioria dos filmes nos convence de que todos nós precisamos nos apaixonar loucamente e que assim viveremos felizes para sempre. Os filmes estão repletos de casais ridiculamente incompatíveis que se apaixonam perdidamente e acabam passando o resto da vida juntos. O milionário implacável e a prostituta incompreendida em *Uma Linda Mulher* compõem uma ótima história, mas na vida real as coisas não funcionam dessa maneira, pois eles estariam se estrangulando em menos de um mês.

Se você realmente quer melhorar suas chances de encontrar alguém que a amará pelo menos tanto quanto você o amará, preencha a lista de "Opostos Compatíveis" adiante. Ela ajudará você a identificar seus valores e motivações, as áreas nas quais você precisa ser correspondida e as áreas nas quais é melhor que vocês sejam opostos: personalidade e estilos comportamentais. Finalmente, você listará alguns motivos que poderiam acarretar no rompimento da relação, ou seja, as coisas que você nunca poderia suportar. Por exemplo, se você não gosta de homens com barba, talvez possa convencer seu oposto compatível a desistir dela, mas, se não consegue tolerar piadas idiotas e seu parceiro for um piadista incurável, tome cuidado. Não é preciso esperar a realidade cruel se mostrar depois que a empolgação se acalmar.

Lista de verificação do seu oposto compatível

Recentemente fui abordado por uma mulher depois de uma palestra em Houston. Ela disse:

– Não sei o que fazer. Tenho 36 anos e nunca me casarei.

Pensei que ela estava brincando, mas estava falando sério.

Perguntei se ela queria se casar. Ela disse:

– Sim, claro que sim.

– Então qual é o problema?

– Minha mãe costumava dizer, enquanto eu crescia: "Se você não se casar até os 36 anos de idade, ficará solteira para sempre". Acho que ela estava certa. Pelo menos no meu caso.

Essa mulher muito bem-sucedida havia sido amaldiçoada pelos disparates de sua mãe.

Pessoas bem-intencionadas (e algumas nem tanto) exercem grande influência sobre nossos pensamentos e comportamentos. O propósito da sua lista é eliminar as fantasias acumuladas e cair na real. Esta lista é sua. Não é a lista da sua mãe, nem do seu melhor amigo, nem é algo que você leu em uma revista ou assistiu em filmes. É sua lista (ver Exercício 3) e ela deve vir do seu coração e da sua cabeça, e não de outra pessoa.

Sua lista abrange quatro áreas:

- Instintos básicos,
- Aspectos de compatibilidade,
- Aspectos de oposição, e
- Motivos que causariam o rompimento da relação.

Receita para o amor

Quantas vezes nos sentimos atraídos pela pessoa errada? Repetidamente nos apaixonamos pelo mesmo tipo de pessoa e pensamos que as coisas serão diferentes na próxima vez. A história de Lori apareceu no *Amazon.com* como um comentário, pouco depois da publicação da edição em capa dura deste livro (em inglês):

Eu tinha 39 anos quando li este livro. Nunca havia me casado e fiquei solteira por muitos anos. No meu aniversário de 40 anos, eu já havia conhecido o homem dos meus sonhos na Internet e ostentava um anel de noivado com um diamante de dois quilates! Usei as ferramentas deste livro para encontrar meu melhor amigo, minha alma gêmea e meu parceiro.

Lori

Lori e Keith estão casados há quatro anos, mas esse foi um sonho que quase não se tornou realidade. Lori não tinha certeza alguma em relação a Keith no início. "Ele parecia muito reservado para o meu gosto e não se vestia muito bem, e eu prefiro homens elegantes", ela me disse. "Eu estava acostumada a ser deslumbrada pelos homens, a tomar um vinho e jantar com eles. Keith preferiu me convidar para um jantar feito em casa e para assistir a um DVD. Preocupei-me com a possibilidade de não me sentir encantada por ele... Estava prestes a partir para outra quando dei uma olhada na minha lista de verificação. Keith cumpria quase todos os requisitos. Felizmente eu decidi dar uma chance a ele."

Utilizando sua lista de opostos compatíveis como guia, Lori rompeu seu ciclo de homens elegantes, porém errados para ela, e encontrou um amor e um companheiro forte, sensível e articulado, ao qual ela nunca teria dado uma segunda chance antes.

A primeira pergunta trata da confiança. Todos os relacionamentos são construídos com base na confiança. Nada pode determinar a confiança tão bem quanto você e seus instintos básicos. Seu cérebro é programado para fazer "avaliações espontâneas" sobre sua segurança em geral. Amigo ou inimigo? Oportunidade ou ameaça? Charmoso ou alarmante? A pergunta sobre confiança só pode ser respondida quando você estiver realmente se conectando; portanto, deixe-a para depois.

As próximas quatro perguntas abrangem valores e motivações compartilhadas. Grandes relacionamentos amorosos se baseiam na amizade, e o fator primordial em uma amizade é que as pessoas gostam de outros como elas. Essa é a parte "compatível" dos opostos compatíveis: a parte de "afins atraem afins". Se vocês não compartilharem valores e motivações, não respeitarão um ao outro e não ficarão juntos por muito tempo. Marque o que é importante para você, pois esses são os pontos que deverá considerar para qualquer possível parceiro amoroso.

A pergunta n.6 deve ser respondida com suas respostas do Exercício 2 na página 57. Essa é a parte de "os opostos se atraem": os contrastes na personalidade e nos traços comportamentais que mantêm o amor vivo e forte. Isso é o que você está procurando em seu futuro parceiro.

Finalmente, a última seção ajudará a identificar os motivos que poderiam causar o rompimento da relação. Utilizando as sugestões abaixo como guia, proponha sua própria lista de coisas sem as quais você simplesmente não poderia viver. Em nossa pesquisa, aproximadamente metade dos participantes tinha motivos. Uma mulher não queria um homem com cabeça pequena ou mãos pequenas. Um dos homens não queria uma mulher com cabelos curtos. Muitos não queriam alguém sem senso de humor. Pequenas coisas podem significar muito.

Vamos começar.

Seja honesta e realista quando estiver fazendo sua lista. Resista à tentação de se enganar e de abrir mão de algumas coisas. Utilize-a na hora certa, como Lori fez na história contada acima.

Descobrir quem você é e o que precisa em um parceiro já a coloca no caminho certo para encontrar seu oposto compatível, mas estar informada e ter força de vontade é apenas metade do caminho. Em breve, você terá que se socializar, sair um pouco e se divertir. Se não for fácil para você, eu a ajudarei a descobrir onde procurar e como se conectar. Francamente, eu diria que melhor do que isso é impossível!

Exercício 2

Exercícios de Autoavaliação

O segredo para encontrar seu oposto compatível está em saber o que a motiva e o que é necessário para que você se sinta completa. Essas autoavaliações rápidas podem ajudá-la a entender isso.

Que tipo de pessoa eu sou, Parte 1

Leia rapidamente cada afirmação e complete-a com a frase que melhor a descreve. Divirta-se e confie em seus primeiros pensamentos, pois, provavelmente, eles serão os mais precisos.

1. Você está tendo um problema com seu vizinho. O que você faz?

A. Considera sistematicamente cada parte do problema e analisa as possíveis soluções antes de falar com o vizinho.
B. Decide rapidamente como resolver o problema e depois confronta o vizinho.
C. Conversa com amigos sobre o problema e depois conversa com seu vizinho para saber sua versão da história.
D. Chama seu vizinho quando ele estiver do lado de fora e faz uma piada sobre o que a está incomodando. Depois diz a ele, informalmente, como vocês poderiam resolver o problema.

2. Você consegue um novo trabalho e precisa se mudar. Quando começa a procurar uma casa para comprar, você:

A. Faz sua própria pesquisa pela Internet e pelo jornal local e determina o valor mensal que pode pagar antes de encontrar um corretor de imóveis. Visita diversas casas e, antes de fazer uma proposta, estuda a vizinhança cuidadosamente.

B. Entra em contato com um corretor e procura imóveis algumas vezes por semana até encontrar algum que lhe agrade. Se obtiver respostas satisfatórias para todas as suas perguntas, você fará uma proposta imediatamente.
C. Procura casas até encontrar alguma que lhe agrade. Levará alguns meses, mas valerá a pena esperar. Antes de fazer uma proposta, você leva um amigo próximo ou um membro da família para ver a casa pela segunda ou terceira vez.
D. Consulta algumas pessoas para saber quais são as áreas "do momento". Procura um corretor de imóveis com o qual se identifique, já que vocês passarão bastante tempo juntos, e diz ao corretor que você só quer procurar nas áreas "quentes".

3. Você prefere:

A. Estar certa.
B. Estar no controle.
C. Ser aceita.
D. Ser admirada.

4. Acima de tudo, você tenta evitar:

A. Ficar envergonhada.
B. Perder o controle.
C. Rejeição.
D. Ser ignorada.

5. Você se sente melhor quando está perto de pessoas que apoiam:

A. Seus pensamentos.
B. Suas metas.
C. Seus sentimentos.
D. Suas ideias.

6. Você descreveria sua maneira de se vestir como:

A. Conservadora.
B. Prática.
C. Casual.
D. Elegante.

7. Você não gosta de:

A. Imprevisibilidade.
B. Indecisão.
C. Insensibilidade.
D. Rotina.

8. Quando você toma decisões, geralmente elas são:

A. Planejadas.
B. Decisivas.
C. Pensadas cuidadosamente.
D. Espontâneas.

9. A palavra que melhor descreve você é:

A. Perfeita.
B. Ativa.
C. Confiável.
D. Entusiasmada.

10. Você se sente melhor quando está com alguém que faz você se sentir:

A. Inteligente.
B. Poderosa.
C. Valorizada.
D. Importante.

Que tipo de pessoa eu sou, Parte 2

Marque todas as alternativas que se aplicarem. Em um relacionamento amoroso, você se sente melhor em relação a si e em relação ao próprio relacionamento quando seu parceiro faz você se sentir:

A	B	C	D
☐ Sensata	☐ Corajosa	☐ Protegida e segura	☐ Impulsiva
☐ Esperta	☐ Confiante	☐ Estimada	☐ Famosa
☐ Perspicaz	☐ Motivada	☐ Indispensável	☐ Persuasiva
☐ Correta	☐ Forte	☐ Útil	☐ Eloquente
☐ Intuitiva	☐ Como uma campeã	☐ Parte de algo	☐ Animada
☐ Sábia	☐ Automotivada	☐ Estável	☐ Popular
☐ Que está sendo levada a sério	☐ Como uma pessoa bem-sucedida	☐ Amável	☐ Influente
☐ Perfeita		☐ Tranquila	☐ Otimista

Pontuação da autoavaliação

Conte o número de vezes que você respondeu A, B, C e D na Parte 1 e depois o número de palavras que você circulou nas colunas A, B, C e D na Parte 2. Some-os e escreva os totais:

A ______ B ______ C ______ D ______

Se você teve mais respostas:

A. Você é racional, orientada para tarefas, introspectiva e pouco sociável – analista.

B. Você é racional, orientada para tarefas e sociável – controladora.

C. Você é emocional, orientada para pessoas, introspectiva e pouco sociável – apoiadora.

D. Você é emocional, orientada para pessoas e sociável – promotora.

Que tipo de pessoa me completa?

Seu tipo de personalidade oferece uma percepção de suas necessidades-chave e de seu oposto compatível.

Analista	Controladora	Apoiadora	Promotora
Precisa se sentir inteligente*	Precisa se sentir poderosa*	Precisa se sentir valiosa*	Precisa se sentir importante*

*Ou qualquer variação das colunas A, B, C e D na página anterior.

Procure alguém com um tipo de personalidade diferente do seu e que seja compatível com você em vários aspectos – valores, visão de mundo, objetivos –, mas que complemente seu temperamento e valide suas necessidades emocionais.

Exercício 3

Lista de verificação de opostos compatíveis

	Instintos básicos
1. Confiança	Eu me sinto segura com essa pessoa?
	Formas de compatibilidade
2. Meus valores tradicionais	☐ Fé/religião é importante ☐ Crenças fortes/espiritualidade/ética ☐ Honra e respeito pela família ☐ Respeito pela autoridade ☐ Crença no trabalho duro ☐ Honestidade nas relações pessoais ☐ Honestidade nas práticas de negócios ☐ Moderação em vez de excesso ☐ Crença na educação
3. Meus valores culturais	☐ Sensível artisticamente ☐ Predisposto intelectualmente ☐ Fã de esportes ☐ Amante da música ☐ Gosta de filmes ☐ Gosta de arte ☐ Gosta de ler ☐ Amante da natureza ☐ Atento às tendências da moda
4. Meu senso de aventura	☐ Disposto a viajar para novos lugares ☐ Prefere ficar perto de casa ☐ Ávido por experimentar coisas novas ☐ Gosta de rotina e estabilidade

5. Meus motivadores	☐ Ambicioso ☐ Busca riqueza ☐ Busca poder ☐ Orientado para metas ☐ Orientado para status social ☐ Orientado para a carreira ☐ Orientado para a família ☐ Orientado para a comunidade
	FORMAS DE OPOSIÇÃO
6. Preciso de alguém que, acima de tudo, me faça sentir (marque apenas uma opção)	☐ Inteligente/ esperta/ levada a sério/ perfeita etc. ☐ Poderosa/ no controle/ forte/ automotivada etc. ☐ Valorizada/ incluída/ estável etc. ☐ Importante/ popular/ impulsiva/ otimista etc.
	MOTIVOS QUE CAUSARIAM O ROMPIMENTO DA RELAÇÃO
7. Motivos que me fariam terminar o relacionamento	Faça uma lista dos motivos que causariam o rompimento da relação. Estes são alguns aspectos sobre os quais você pode refletir antes de começar: • Características físicas (altura, aparência, peso etc.) • Traços da personalidade (carinhoso, perfeccionista, senso de humor etc.) • Vícios (fuma, bebe, trabalha demais etc.) • Habilidades (deve ajudar nas tarefas domésticas, deve gostar de cozinhar etc.)

Capítulo 3

Indo à luta

Já posso ouvir você pensando: "Tudo bem, compreendo a teoria, mas como posso encontrar essa pessoa que me completa e a qual eu completo? Ainda que eu soubesse exatamente o que quero, não é como se eu simplesmente pudesse apertar um botão e fazer a pessoa surgir na minha vida".

É verdade, não existe atalho para encontrar sua alma gêmea. Posso ajudar a fazer que seu oposto compatível se apaixone por você rapidamente, mas você precisa conhecê-lo antes que a mágica faça efeito. Você precisa sair e ir à luta. Sei que esse conselho é óbvio e antigo, mas, assim como qualquer processo de seleção, o amor é um jogo de números: quanto mais pessoas você conhece, maiores são suas chances de encontrar alguém que seja a pessoa certa para você em longo prazo.

Claro que você tem o direito de permanecer em silêncio e não fazer nada, mas assim não chegará muito longe. Há um ditado muito usado no mundo dos negócios que diz: "Zero comunicação, zero interesse, zero vendas". Mais cedo ou mais tarde você acabará sem dinheiro e sem trabalho! A mesma coisa se aplica à procura por um amor. Você precisa agir, e não estou falando de beber com seus melhores amigos ou ir a um clube ocasionalmente; refiro-me a fazer um esforço programado para conhecer pessoas cujos interesses, valores e crenças sejam compatíveis com os seus.

Se não for tão fácil para você ir à luta, ou se o que você tem feito até agora não trouxe os resultados desejados, talvez seja o momento de criar um plano de ação de socialização que resulte em mais atividades, variedade e novas pessoas em sua vida.

A arte de socializar-se

As pessoas da nossa geração passam metade do tempo digitando mensagens, falando ao celular, olhando para telas ou sentadas atrás do volante de um carro. Nossos bisavós não viviam dessa maneira; eles conversavam cara a cara, contavam histórias, espreitavam a vida das pessoas, fofocavam, escreviam cartas e até saíam para caminhar apenas por diversão, não para praticar exercícios. Nossa sociedade está esquecendo a arte da socialização. Chegamos ao ponto de acreditar que vivemos para trabalhar, ao invés de trabalhar para viver, e já não reservamos tempo para conhecer novas pessoas.

Isso é uma pena, porque a raça humana evoluiu em grande parte por causa de nossos esforços na busca da companhia de outros, a fim de compartilhar experiências e aventuras. É assim que damos sentido ao mundo e adicionamos tempero à nossa vida – ao comentar sobre um novo restaurante que adoramos, ao contar histórias sobre nossa juventude ou sobre o passado, ao discutir política e artes ou ao conversar sobre assuntos atuais. Ao longo dos anos, a socialização mudou em grande parte graças aos avanços da ciência e da tecnologia. Houve uma época em que nos reuníamos pessoalmente em bares, clubes, igrejas, festas ou passeios e convidávamos pessoas para nos visitarem. Cada vez mais esse contato pessoal vem sendo substituído pelo envio, recebimento e encaminhamento de mensagens.

A única maneira de trazer essa vitalidade de volta à nossa vida é saindo e interagindo com outras pessoas. Por isso, nas próximas semanas, quero que você coloque sua atenção em melhorar suas habilidades sociais e cultivar amizades novas e antigas.

Socialize-se

A melhor maneira de começar a conhecer pessoas novas é por meio das pessoas que você já conhece – seus amigos, familiares e colegas. Novamente, sei que isso não é nenhuma novidade, mas às vezes vale a pena repetir o óbvio. Começar por onde já conhecemos aumenta nossas chances de conhecer pessoas que compartilham nossos valores sociais. Conte aos seus amigos que você quer conhecer pessoas. Obviamente você pensa que eles já sabem, mas será que você já comentou sobre o assunto abertamente com eles? Se ainda não, certifique-se de fazê-lo.

Neste momento da sua vida, a socialização deve se tornar uma prioridade, deve se transformar em um hábito, e você deve se tornar boa nisso. Reserve apenas um dia por semana durante o próximo ano para se envolver com as pessoas que já conhece, com aquelas que conhece vagamente e com aquelas que ainda conhecerá. Convide um conhecido para tomar um café ou receba seus amigos em casa. Associe-se a um clube em sua comunidade ou a uma organização voluntária. Convide seus amigos para um evento esportivo, parque, museu, clube do livro, concerto ou festival e sugira que eles também tragam amigos. O número de pessoas que você conhece crescerá radicalmente, junto ao seu grupo de possíveis parceiros. Você provavelmente se divertirá durante esse processo. Faça alguns planos agora e siga-os. Os resultados a surpreenderão.

Duas regras-chave

George perdeu sua esposa Nancy para uma doença quando ela tinha 55 anos de idade. Eles haviam sido melhores amigos e, embora tivessem alguns outros amigos íntimos, passavam muito tempo juntos. Após o falecimento de Nancy, com o passar dos meses, George foi se sentindo bastante solitário. Algum tempo depois, ele participou de uma das minhas palestras e me ouviu dar duas regras-chave para conhecer pessoas: receber visitas uma vez por semana e aceitar qualquer convite. George entrou em contato comigo por meio de um amigo e me contou a seguinte história:

"Na mesma noite em que ouvi você falar, esbarrei em uma mulher jovem que eu já havia encontrado algumas vezes. Seu nome é Michelle e ela é filha de uma das amigas de Nancy. Ela perguntou como eu estava, depois me contou que estava ajudando a organizar um festival de jazz para o fim de semana e perguntou se eu gostaria de assistir. Ela me disse que a rua principal seria fechada e que haveria diversas pessoas de todas as idades e que, se eu aparecesse, ela e seu marido conversariam comigo. Eu lhe agradeci e me senti comovido, mas não iria de jeito nenhum. Ela provavelmente tinha metade da minha idade e seria muito estranho. No entanto, no caminho para casa comecei a pensar sobre o que você havia dito e a primeira coisa que veio à minha cabeça foi a parte sobre receber pessoas em casa e aceitar qualquer convite. Tive essa lembrança e me pareceu tão óbvia. 'Por que não?', pensei. 'Acabei de receber um convite.' E foi aí que tudo começou."

Duas regras simples para conhecer pessoas: receber visitas uma vez por semana e aceitar qualquer convite.

Dias depois, George entrou em contato com alguns amigos e os convidou para ir ao festival e naquele fim de semana todos eles se encontraram. "Realmente me diverti muito. Encontramos Michelle e seu marido, Rick. Era uma noite quente, a música era muito boa e, minha nossa, havia um mundo inteiro lá fora."

George decidiu receber convidados em casa uma vez por semana, sem exceção, primeiro convidando amigos, familiares e colegas e encorajando-os a trazer alguns amigos – quanto mais, melhor. No início, ele ficou um pouco preocupado por ser um péssimo cozinheiro, mas, como ele me contou mais tarde, isso acabou sendo a melhor coisa que lhe aconteceu. "A notícia se espalhou", ele riu "e quando eu convidava as pessoas para jantar, elas perguntavam se poderiam ajudar – o que significa que a festa começava na minha cozinha e a partir daí só melhorava. Ou as pessoas me convidavam para ir a sua casa e eu acabava conhecendo todos os seus amigos."

George seguiu o conselho que ouviu em minha palestra – ambas as partes. Aceitou todos os convites que recebeu, dentro de certos limites – que incluíam desde exposições de arte até torneios de golfe – e recebeu convidados em casa uma vez por semana. Pouco depois de dois anos após o falecimento de Nancy, George se casou novamente. "Certamente nunca pensei nisso", ele enfatizou. "O que aconteceu é que eu conheci tantas pessoas que a minha vida inteira mudou."

Daisy, de vinte e poucos anos, é outro exemplo. Nunca vou me esquecer das primeiras palavras que ela disse quando se apresentou em um dos meus workshops, há alguns anos: "Estou tão acostumada com imbecis que nem reconheço mais um homem bom". Desde sua infância, Daisy explicou, ela se sentia desconfortável com a solidão. "Eu preferia me apegar a qualquer pessoa a ficar sozinha e tive minha cota de decepções."

Ela dividia uma casa com outras três pessoas: um guitarrista que passava a maior parte do tempo fora por causa das turnês, a namorada do guitarrista e uma jovem estudante de Filosofia que estava no segundo ano de um romance com um professor casado. Todos eles tinham um espaço separado na casa, mas mesmo assim não era um ambiente apropriado para trazer convidados.

Talvez por medo de ficar sozinha, Daisy adotou a ideia de criar um plano de ação de socialização. Foi necessário um pouco de criatividade no início, pois ela tinha de encontrar uma maneira de fazer isso sem ter que trazer pessoas para sua casa. Em pouco tempo, ela se tornou uma espécie de facilitadora social. "Um dia eu ligava para alguns amigos ou conhecidos e os convidava para ir ao cinema", ela explicou. "Comprava os ingressos com antecedência para que pudéssemos nos encontrar e tomar um café antes do filme." Outro dia ela telefonava para um grupo diferente e sugeria um encontro em um evento ou festa local. Em outro dia, ela reunia um grupo para jogar boliche ou para ouvir um autor em uma livraria. Ela acabou conhecendo dúzias e dúzias de pessoas e não teve problema para conseguir marcar encontros. Quando ela conseguiu uma melhor compreensão do princípio da completude (ver Capítulo 2), aprendeu a rejeitar os imbecis e a colocar sua atenção nos homens bons e, depois de algum tempo, ela conheceu e se casou com seu príncipe encantado. Atualmente, Daisy é esposa de um diplomata no exterior e atua como anfitriã em grande estilo.

Estas são duas regras-chave:

1. Organize um jantar ou um passeio uma vez por semana e incentive seus convidados a trazerem novas pessoas.
2. Aceite todos os convites razoáveis que você receber.

Não precisa ser nada muito elaborado: "Oi, vou receber alguns amigos para jantar na sexta-feira. Por que você não vem e traz um amigo? Quero conhecer pessoas novas". Ou: "Eu e alguns amigos estamos querendo ir ao cinema na terça-feira. Você quer vir conosco? Fique à vontade para trazer um amigo, pois eu quero conhecer pessoas novas". Esta é a frase-chave: *Eu quero conhecer novas pessoas.*

Envolva-se

Se você não conhece muitas pessoas e sente que já conseguiu tudo o que podia com seus amigos, encontre outras maneiras de se envolver. Quanto mais atividades você realizar e quanto mais lugares visitar, mais cedo conhecerá a pessoa que está procurando por você. Faça cursos, trabalhe como voluntária, entre em algum comitê, vá a exposições, passeie com o cachorro de alguém, aprenda a cozinhar, faça aulas de tango, visite galerias de arte, vá a exposições de animais, ande de patins, vá a casamentos e batizados, funerais e outros eventos.

Não pare por aí. Consiga um trabalho divertido de um turno, organize jantares, inicie um clube do livro, frequente algum curso à noite, ande a cavalo, faça aulas de costura, estude mandarim, aprenda a fazer soldagem. Essas atividades não só farão de você uma pessoa mais interessante e vital, como também ampliarão seu círculo de amizades.

Sim, mas...

Eu sei. Já posso ouvir alguns de vocês protestando: eu não tenho tempo, não sou sociável, não há ninguém lá fora para mim. O que você está realmente dizendo é: "Prefiro inventar desculpas a agir". Você precisa superar seus próprios obstáculos mentais, e vou mostrar como fazer isso, passo a passo.

1. "Mas eu sou tímida."

Dizem que o maior medo das pessoas é falar em público – ficar diante de um grupo de pessoas desconhecidas e comunicar suas ideias – e que esse medo impede que milhões de pessoas avancem em suas carreiras. Mas, se você perguntar a pessoas que superaram esse medo qual foi seu segredo, nove entre dez dirão que tudo o que você precisa é de prática. O mesmo se aplica a conectar-se com pessoas desconhecidas em sua vida particular. Comece com humildade e cuidado e vá avançando aos poucos.

Pessoas socialmente reservadas frequentemente olham para pessoas sociáveis e pensam: *Por que eu não consigo fazer isso? Por que não consigo me aproximar de um grupo de pessoas e começar a conversar?* Vou dizer o porquê: porque não faz parte do seu temperamento. Eu sou sociável e meu estilo é conversar com várias pessoas. Minha esposa, Wendy, é socialmente reservada no início: seu estilo é socializar-se com uma pessoa de cada vez. Ela fica muito mais feliz se passar a noite conversando com duas ou três pessoas atentamente do que se conversar com várias pessoas em um grande coquetel. Se você se considera tímida, meu conselho é que faça um amigo de cada vez – e mude seu próprio rótulo para algo menos limitado, como "cautelosa" ou "reservada".

Uma maneira de conhecer pessoas em um ambiente descontraído é fazer um curso onde as pessoas interajam naturalmente. Escolha uma aula na qual você participe, em vez de ficar sentada ouvindo o professor – algo como cozinhar, provar vinhos ou aprender uma língua estrangeira. Você também pode se envolver em sua comunidade como voluntária, esse é um método especialmente útil se você for nova na cidade. A Internet também pode ajudar: digite o nome da sua cidade ou região mais a palavra *"voluntário"* em um site de busca e veja o que aparece – é quase garantido que você encontrará dezenas de sites que oferecem orientação específica sobre o tema. Volunteermatch.org é um dos melhores e fornece informações sobre oportunidades de voluntariado nos Estados Unidos.

Escolha uma aula na qual você participe, em vez de ficar sentada ouvindo o professor.

Não é fácil superar suas dúvidas e encarar o mundo, mas quando você consegue, descobre que as recompensas são ótimas. Vejamos a história de Omar e Fátima, que se conheceram em uma festa de encontros organizada por um site de namoro virtual, mas apenas depois que controlaram seu diálogo interior negativo.

"Eu lia os comentários que as pessoas faziam nos fóruns sobre as festas e dizia que provavelmente iria", Omar confessou. "Mas no último minuto, voltava atrás. Eu me apavorava e acabava desistindo. Era como se desse de cara com um muro e não conseguisse ultrapassá-lo, por isso, começava a inventar desculpas para mim mesmo. Isso ocorreu por vários meses. Era uma loucura, porque eu sou uma pessoa muito sociável. Até que um dia disse: 'Esta não será outra noite de sexta-feira em que eu acordarei amanhã e lerei sobre os ótimos momentos que todos tiveram e acabarei conversando com pessoas que eu nem conheci porque não estava lá. Estou farto disso. Não quero passar outra noite sozinho em casa. Não aguento mais isso. Da próxima vez, eu irei'."

Fátima, ao contrário, participava de todas as festas. "Costumava ir a bares e restaurantes frequentados por aproximadamente trinta pessoas e a clubes onde havia mais de mil pessoas. Mas chegava lá e logo me tornava invisível, o que funcionava muito bem. Sentava-me perto da parede ou atrás de algum grupo, mas não com eles, e não pronunciava meu nome sem que alguém perguntasse. Dizia a mim mesma: 'O que eu estou fazendo? Ninguém gosta de mim. Ninguém se aproxima de mim'. Sentia como se estivesse me fechando novamente em meu casulo. 'Eles não são a minha turma', eu dizia, mesmo sabendo que na verdade eles eram. Depois ia para casa, voltava para o computador e começava a conversar com os inalcançáveis, os jovens, aqueles que eu sabia que não se sentiriam atraídos por mim. Minha autoestima era destroçada cada vez mais. 'Eu odeio os homens', dizia".

Perguntei a Fátima o que mudou.

"A solidão se manifestou. Eu precisava de contato humano, alguém para segurar minha mão, para lutar por mim. Decidi que precisava mudar. Um dia, disse a mim mesma: 'Já basta. Não aguento mais. Quero alguém com quem possa compartilhar minha vida, compartilhar meus sonhos e minhas esperanças. Odeio ficar sozinha. Quero alguém com quem eu possa passar as noites'. A resposta mais simples surgiu na minha cabeça: 'Nada disso vai acontecer se você continuar sentada aqui'."

"Foi como golpear uma parede de tijolos. Na próxima vez em que fui a um evento, vi Omar. Desejei ser tão enérgica e sociável quanto ele. Queria poder me aproximar de alguém e dizer 'Olá, como vai você?'. Estava determinada a me tornar mais agradável do que aquela garota que costumava se sentar perto da parede. A mesma voz disse: 'Pare de desejar. Nestas festas você tem que interagir'."

"E foi o que eu fiz. Utilizei a regra dos três segundos. Contei até três, eu me aproximei de Omar e disse: 'Olá, como vai você?' e me ouvi dizendo: 'Quer dançar?'."

"Funcionou?", perguntei.

"Sim. Nos casamos no mês de julho seguinte. Isso foi há três anos."

"Algum conselho?", perguntei a ambos.

Eles concordaram unânimes: "Comece hoje mesmo".

2. "Mas eu não tenho tempo."

Você precisa arranjar tempo. Tudo bem que você trabalha dez horas por dia e demora 45 minutos para ir ao trabalho e mais 45 minutos para voltar para casa, mas o que você quer? Quais são suas prioridades? Cheryl Richardson, autora de *Life Makeovers,* recomenda estabelecer um "tempo para respirar" todos os dias, para que você possa relaxar, reavaliar suas prioridades e ter certeza de que está trabalhando no que realmente importa. Se está lendo este livro, é porque uma de suas prioridades é conhecer alguém para amar. Não ignore esta parte importante da sua vida! Reserve pelo menos 15 minutos do seu dia para telefonar ou enviar e-mails às pessoas e para fazer planos. Ligue para um amigo no horário do almoço. Atue em algum aspecto do seu plano de ação de socialização todos os dias e trabalhe na busca do seu objetivo final. Na prática, é melhor realmente conversar com as pessoas do que lhes enviar mensagens. (E é muito mais difícil.)

Se no início achar difícil equilibrar seu plano de ação com outras obrigações ou prioridades em sua vida, encontre maneiras de combinar ambos. Se, por exemplo, a prática de exercícios tiver alta prioridade para você, convide seus amigos para se juntarem a sua rotina de treinamento. Faça aulas de ioga, pratique natação ou faça uma caminhada ou corrida com eles. Se tiver que ir direto para casa após o trabalho, todos os dias, para cuidar do seu cachorro, encontre uma maneira de fazer que isso funcione a seu favor. Se tiver amigos ou conhecidos donos de cachorros, encontre-os e, se não tiver amigos donos de cachorros, vá aos lugares onde as pessoas levam seus cachorros para passear e faça alguns amigos.

Se você trabalha muitas horas e não está pronta para desacelerar, tente se divertir ou fazer uma pausa para o almoço. Se seus amigos trabalharem perto, encontre-os no restaurante. Se você trabalha em um escritório grande, convide seus colegas para almoçar e peça a eles que convidem outros colegas – há uma grande chance de que você não conheça todos eles. Se estiver flertando com alguém por meio de um site de encontros na Internet e ele trabalhar na mesma área geográfica, chame-o para almoçar – essa é uma ótima forma de quebrar o gelo. Se você e seus amigos não tiverem energia para preparar um jantar após o trabalho, improvise uma refeição ou peça comida pelo telefone.

Talvez você não se sinta confortável para se socializar e sua suposta falta de tempo seja apenas uma desculpa.

Se seus fins de semana estiverem ocupados com projetos relacionados à sua casa ou apartamento, organize festas de melhorias com amigos que estejam em situações semelhantes, nas quais o anfitrião se responsabilize por alimentar os convidados ajudantes. Alguns projetos podem envolver a colocação do papel de parede, pintura de um cômodo ou limpeza do sótão – coisas que ninguém gosta de fazer sozinho mesmo.

Soluções de gerenciamento do tempo podem nem sempre ser óbvias, mas se você estiver determinada a encontrar alguém para amar, é necessário encontrar tempo para conhecer novas pessoas. Se continuar protestando, reflita sobre o seguinte: Talvez "Eu não tenho tempo" seja apenas uma desculpa. Talvez na "hora H" você não se sinta confortável com a ideia de se socializar e sua suposta falta de tempo sirva apenas para esconder a verdade. Talvez se sinta intimidada pelas pessoas. Talvez esteja sem dinheiro e sinta vergonha disso. Talvez você pense que não possui algumas habilidades básicas de etiqueta: por exemplo, não tem certeza sobre qual garfo usar primeiro e não quer fazer papel de boba. Se qualquer uma dessas situações lhe parece familiar, apenas seja honesta consigo, encare o problema e descubra uma maneira de contornar a situação. Uma simples pesquisa na Internet sobre *etiqueta* e *talheres* ensinará o truque, e quem sabe seu oposto compatível também não saiba diferenciar o garfo da salada do garfo da sobremesa – ou talvez ele fique feliz em poder ensiná-la. Mostre que suas desculpas estão erradas.

3. "Mas eu moro em um lugar tão pequeno que minha agenda telefônica possui apenas uma página e eu já conheço todo mundo."

Ainda que você acredite que conhece muito bem um lugar e as pessoas que vivem nele, sempre há algo mais a aprender. Wendy e eu vivemos em um pequeno vilarejo, com população aproximada de 200 habitantes, localizado a oito quilômetros de uma vila que tem população aproximada de 2000 pessoas. Entre os dois lugares, muita coisa acontece: jantares da igreja, eventos na biblioteca, bailes, festas no jardim, noites de Shakespeare, três grupos de teatro campestre, pelo menos dois clubes do livro, um clube de esqui, uma feira anual, um passeio agrícola anual – e eu poderia continuar por várias páginas. Na verdade, minha primeira palestra aconteceu na casa de uma jovem que organizava um clube de filme mensal.

Minha filha e eu estávamos passeando por sua pequena loja no vilarejo e começamos a conversar. Mencionei que estava escrevendo meu primeiro livro e ela perguntou se eu tinha interesse em conversar com seu clube de filme durante o lanche. Aceitei e passei pontualmente 15 minutos falando sobre a comunicação cara a cara. Falar àquele minúsculo grupo, naquela pequena sala, levou-me diretamente à organização de um pequeno workshop, que me conduziu diretamente a ministrar um seminário no salão de um hotel, que me levou diretamente à minha palestra para 1.600 pessoas em uma convenção nacional de negócios há um ano e meio. Isso se chama network e, atualmente, a maioria das pessoas sabe como ela funciona. Você só precisa aprender que ela pode funcionar tão bem em sua vida privada quanto em sua vida profissional.

As circunstâncias estão sempre mudando, pessoas vêm e vão, sempre oferecendo novas oportunidades para estabelecer conexões. Se você realmente esgotou todos os seus recursos, faça algo novo e procure um pouco mais além da sua casa e do seu entorno habitual. Sites de encontros na Internet permitem selecionar o número de quilômetros que você deseja viajar para conhecer pessoas. Em vez de dez, escolha 100 ou até mesmo 500. Ou, embora pareça drástico, você pode se mudar – como fez Laura da próxima história.

4. "Mas eu acabei de me mudar e não conheço ninguém."

Você deveria se considerar sortuda, pois há tantas pessoas para conhecer! Tantas possibilidades! Novamente, tome a iniciativa e envolva-se. Leia os anúncios no jornal local, escute a estação de rádio local, converse com as pessoas nas lojas ou simplesmente dirija pela cidade e procure lugares que pareçam interessantes.

Deixe-me contar uma história sobre uma jovem que eu conheço.

Há um ano, Laura trabalhava como organizadora de eventos em Boston, alugava um apartamento de um quarto por US$ 1.600 dólares por mês e gastava US$ 100 todos os dias para comer fora e tomar táxis. Sua vida era um tumulto constante e parecia que todos os rapazes que ela conhecia eram obcecados pelo trabalho e não tinham tempo para ela.

Laura decidiu fazer uma mudança. Aos 28 anos, deixou o emprego, abandonou seu apartamento e se mudou para o pequeno vilarejo de Two Elms, que ela havia visitado algumas vezes e pelo qual se apaixonou. Lá, ela alugou um apartamento grande, novo e no andar térreo, em uma antiga casa de campo ao lado de um lago, a menos de cinco minutos a pé do centro da cidade. Seu aluguel custava menos da metade do que ela pagava na cidade e ela conseguia se alimentar muito bem com menos de US$ 100 por semana. Do lado de fora de sua janela havia um lindo jardim e a própria cidade era perfeita, o tipo de lugar que você vê em filmes. No entanto, a mudança de Boston foi um tiro no escuro: Laura não conhecia ninguém e as ofertas de emprego no jornal semanal raramente ultrapassavam um centímetro ou dois.

Laura era uma pessoa reservada por natureza, mas conscientemente fez um esforço para ser amigável com todas as pessoas que ia conhecendo, cumprimentando estranhos com um sorriso e apresentando-se a todos os que trabalhavam no comércio local. "Oi, eu sou Laura", ela dizia. "Acabei de me mudar." Sua cordialidade valeu a pena. Um mês depois de entregar as chaves de seu apartamento em Boston, Laura começou a trabalhar em um emprego de meio expediente na Book Nook, uma pequena livraria espremida entre uma padaria luxuosa e uma loja de antiguidades.

Depois de trabalhar lá por algumas semanas, Laura conseguiu um segundo emprego de meio expediente para vender vasos de flores feitos com ferro forjado e luminárias na Ironworks, uma loja pertencente a um artista que realizava soldagens criativas. Laura achou sua nova vida divertida e fácil, em comparação com sua vida em Boston, e passou a dedicar tempo para fazer outras coisas. Juntou-se ao comitê de restauração do teatro e escreveu a resenha de um livro para o *Two Elms Times*. Ao final do segundo mês, ela havia feito alguns amigos e conhecido vários clientes regulares em ambas as lojas, incluindo Christina, uma austríaca com o dobro da idade de Laura que criava cavalos nas montanhas ao norte da vila. Laura também estava de olho em um jovem rapaz chamado Jason, que trabalhava à tarde na farmácia local.

Sente-se no meio. É onde as pessoas populares se sentam e é onde você será notada.

Por sorte, Christina passou pela Book Nook uma sexta-feira à noite, na mesma hora em que Laura estava fechando a livraria, enquanto Jason atravessava a rua e entrava na loja de antiguidades ao lado. A perspicaz criadora de cavalos percebeu que Laura observava Jason através do vidro e não resistiu e sorriu para sua nova amiga.

– Você gosta daquele jovem rapaz, não é?

– Bem, ele é atraente... – Laura disse, corando.

– E o que você fará a respeito disso? – Cristina perguntou, com seu jeito direto.

– Não sei – disse Laura. – Nada?

Felizmente para Laura, Christina não era apenas uma especialista em cavalos: ela também ajudava a unir seus amigos.

– Venha – ela disse, e segurou Laura pelo braço –, vamos até o bar para conversar sobre isso.

Elas entraram no bar da esquina e Christina foi buscar uma bebida.

– Encontre uma mesa e pegarei as bebidas. Cerveja está bem?

Laura concordou e saiu para buscar uma mesa no canto do bar. Christina se juntou a ela alguns minutos depois, carregando dois copos brilhantes, mas não os colocou sobre a mesa. Em vez disso, apontou para outra mesa vazia.

– Lá é melhor.

Laura pegou suas coisas e seguiu a amiga até a mesa, que ficava bem no centro do lugar.

– Você quer conhecer novas pessoas? – Christina disse.

– Claro! – Laura respondeu.

Christina inclinou-se sobre ela.

– Então deve sempre se sentar no meio. É onde as pessoas populares se sentam e é onde você será notada. O mesmo serve para a exposição de cavalos. Se você quiser que os juízes notem seu cavalo, coloque-o no meio. É psicológico. Certo ano na escola em Innsbruck, onde eu cresci, os alunos jogaram esse jogo com os assentos na sala de aula, dizendo que as pessoas que se sentavam no centro geralmente eram mais populares. Nós mudamos de lugar para que todos tivessem uma chance de se sentar no centro e sabe o que aconteceu? No final do ano, todos eram populares. Agora eu digo a todos os meus alunos de equitação para buscarem sempre o meio. Bem, quanto a este jovem rapaz – Christina continuou –, fale-me sobre ele.

– Não posso – Laura respondeu. – Não sei nada além de seu nome. Nem sei se ele está disponível.

Uma mulher pode convidar um homem para sair?

Uma mulher deveria convidar um homem para sair? A sabedoria popular diz que "Não, é papel do homem cortejar". A realidade diz: "Claro, por que não?". Conheci dezenas de casais em que a mulher havia feito o convite e o resultado foi uma vida feliz, equilibrada e longa juntos.

Qual é a melhor maneira de fazer isso? Convidar sem convidar. Use uma pergunta indireta. Você já notou que se disser a alguém: "Queria saber que horas são", eles dirão a hora, ainda que você não tenha pedido isso diretamente? Ou, se você disser: "Não sei quais são os tipos de filme de que você gosta", as pessoas revelarão o segredo. Quando você usa uma frase como essa, especialmente com uma linguagem corporal questionadora – sobrancelhas ou mãos levantadas – e um tom de voz questionador, a pessoa responderá de boa vontade a uma pergunta que nunca foi feita. Essa é uma forma comprovada para que uma mulher convide um homem para sair. Funciona até no papel.

Trina é colunista de um jornal de uma grande cidade. "Conheci James quando fomos a um almoço de negócios, era uma quinta-feira", ela me contou. "Durante duas horas, conversamos sobre tudo. Eu não conseguia parar de pensar nos ótimos momentos que tivemos. Queria fazer algo a respeito. Na sexta-feira escrevi um pequeno bilhete de agradecimento que dizia: 'Obrigada pelo ótimo almoço. Realmente me diverti muito e adorei nossa conversa. Não estou certa de suas circunstâncias pessoais, mas, se você estiver disponível e quiser, gostaria de convidá-lo para jantar qualquer dia desses'.

Logo após enviar o bilhete, tive vontade de pegá-lo de volta, mas era tarde demais, não tinha mais jeito. Fiquei fora durante o fim de semana com algumas amigas, mas não conseguia parar de pensar nisso. Estava nervosa, mas não via o lado negativo, a menos que não recebesse resposta alguma por parte dele, o que teria sido equivalente a um 'não' e um ego ferido.

Na segunda-feira o telefone tocou e era ele. Fiquei aliviada. Saímos para jantar na terça-feira à noite e, depois de quinze anos, James ainda tem o bilhete."

– Ele está. O chefe dele hospeda cavalos na minha fazenda e nunca para de falar. Você já conversou com ele alguma vez?

– Pedi uma orientação a ele na farmácia há algumas semanas, quando tive conjuntivite. – Laura riu, bebendo sua cerveja. Aos poucos começou a se soltar. – Eu estava linda!

– Você já está aqui há dois meses, acho que está na hora de preparar um jantar – disse Cristina, batendo na mesa. – E você convidará Jason.

– Não, não, eu não posso. – Laura retirou os óculos.

– Claro que pode. Você encontrará uma maneira de conversar com ele e dirá exatamente o seguinte: "Estou organizando um jantar para celebrar meus dois meses aqui e adoraria que você viesse". E isso é o que chamamos de pontapé inicial. – Christina fez uma pausa. – Depois diga: "Pode trazer um amigo", faça uma pausa e acrescente: "Se você quiser".

– Mas eu não posso simplesmente ir até ele.

– Sim, você pode. Quando o vir, conte até três e fale com ele. Assim como em uma corrida de obstáculos, se hesitar, você falha; se pensar, você falha. Você está com medo e seu cavalo sente, por isso, ele se esquivará ou recuará. A mesma coisa ocorre com homens e mulheres: conte um, dois, três e vá. É a *regra dos três segundos.* Todos os meus alunos conhecem essa regra. Você não o está convidando para um encontro; está apenas convidando-o para se socializar – é diferente e normal. Assim você conseguirá o que busca. – Ela parou e mostrou seu copo vazio. – Outra cerveja?

Laura hesitou, mas Christina fez um ruído com a língua, como se estivesse encorajando um de seus cavalos, e Laura olhou para ela.

– Opa! Um, dois, três – ela disse, contando com os dedos, e depois respondeu, confidencialmente: – Sim, eu adoraria.

Apesar de o resultado dessa história não ser nosso propósito, obviamente você quer saber o que aconteceu. Laura seguiu o conselho de Christina, convidou Jason para sua festa e lhe disse para trazer um amigo, se ele quisesse. Eles se encontraram algumas vezes, mas não entraram em sintonia. Mas Laura finalmente encontrou seu oposto compatível: o primo de Jason, que ela poderia nunca ter conhecido se não tivesse colocado em prática o plano de Christina e a regra dos três segundos.

O verdadeiro propósito dessa história é mostrar que, independentemente das circunstâncias, você sempre pode encontrar maneiras de estabelecer conexões. Também pode aproveitar o ótimo conselho de Christina, pois ela mostrou a Laura como engenhar um encontro com um homem pelo qual ela estava interessada, sem parecer que o perseguia de forma grosseira – algo que alguns homens não aceitam muito bem. Em vez de pressionar, pois, de qualquer forma, essa não era sua natureza, ela preparou uma ótima situação em que Jason poderia tentar conquistá-la, se quisesse.

Não há rejeição, apenas seleção

Um dos principais motivos pelos quais as pessoas se sentem desconfortáveis com encontros e eventos sociais é o medo da rejeição, mas é um erro encarar a situação dessa maneira. Enquanto você procura seu oposto compatível, passará algum tempo conhecendo pessoas. A procura é um jogo de números: estatisticamente, estima-se que uma em cada 16 pessoas elegíveis que você conhece pode ser seu oposto compatível. Provavelmente você passará por alguma rejeição, e da mesma forma poderá rejeitar outras pessoas. Isso se torna mais aparente em encontros on-line, em que você pode olhar dezenas de perfis antes de encontrar alguém que lhe interesse e, obviamente, o contrário também se aplica. Alguns dos principais sites possuem um contador que mostra quantas pessoas visualizaram seu perfil desde seu último acesso. Se 130 pessoas leram seu perfil, mas nenhuma delas entrou em contato, você pode considerar isso como uma rejeição esmagadora, ou simplesmente perceber que você provavelmente não era compatível com nenhuma daquelas pessoas.

Como eu disse, rejeição não é algo pessoal; faz parte do processo de seleção natural. Você não entra em uma loja de móveis e compra o primeiro sofá que vê. Ao contrário, você vai às compras com alguma ideia do que deseja, depois continua procurando até encontrar aquilo que realmente pareça perfeito. Muitos dos sofás que você rejeita provavelmente ficariam ótimos na sala de outra pessoa, mas não na sua. O mesmo processo de seleção acontece ao comprar um carro, uma casa e qualquer outra coisa importante em sua vida, portanto seria um absurdo aceitar o primeiro homem que aparecesse em sua vida. A menos que você seja uma daquelas pessoas extremamente sortudas, que conhecem seu oposto compatível rapidamente. Contentar-se com alguém que não combina com você é um grande erro.

O fato é que a maioria dos homens que você conhece não é seu oposto compatível – mas pode se tornar um grande amigo. Ou, como na história de Laura e Jason, pode acabar apresentando você ao seu oposto compatível. Esteja aberta ao charme de outras pessoas, mas também esteja ciente de que pouquíssimas delas serão compatíveis com você. Da mesma forma, você tampouco será a pessoa certa para todas elas.

Aquele sentimento especial

Tenho certeza de que houve momentos em sua vida em que você viu uma roupa ou um móvel na vitrine de uma loja e pensou: "Nossa! Isso é perfeito para mim". Você consegue recordar como se sentiu? Talvez tenha sentido algo semelhante durante alguma viagem ou quando conheceu pessoas que depois se tornaram seus melhores amigos. É aquela sensação de felicidade e descontração, de saber que vocês se entendem facilmente e provavelmente serão amigos para sempre. Recorde esse sentimento por um momento.

Tenho certeza de que você conheceu pessoas que lhe causaram uma sensação de desconforto, embora talvez nem saiba por quê. Se você pudesse escolher, com quem passaria algum tempo e quem rejeitaria? O primeiro sentimento surgirá quando você entrar em sintonia com seu oposto compatível: saberá se ele é a pessoa ideal para você. Não pode ser algo forçado ou falso, e nem todos farão você se sentir assim.

Leia novamente estes dois parágrafos com atenção. Feche os olhos e recorde cada sentimento. Observe como é sentir que algo simplesmente está certo e você entenderá por que a rejeição também é produtiva.

Aceitando a rejeição

A rejeição é uma correção de percurso em seu caminho para o sucesso e, em vez de inspirá-la a sentir pena de si, deve inspirar uma autoanálise em você. "O que eu aprendi?", é o que você deveria se perguntar. E: "O que farei de diferente na próxima vez?". Se você não aceitar a rejeição, continuará a passar pelo mesmo ciclo de resposta inconsciente: tomar a iniciativa, obter a resposta, reagir sem pensar. Convidará o tipo errado de pessoa para sair, será rejeitada, e se sentirá péssima.

Pessoas que fazem a mesma coisa repetidamente e esperam obter resultados diferentes estão fadadas à decepção. Se você continua se interessando pelo tipo errado de homem, não quer dizer que tenha algum problema psicológico grave ou que haja algo errado com você; o que acontece é que você simplesmente não está parando para analisar a resposta que cada falha oferece. Recorde seus antigos relacionamentos e veja se consegue detectar um padrão que tenha seguido continuamente. Com sorte, descobrirá o que deu errado e poderá utilizar essa informação para reconhecer e compreender os sinais de advertência no futuro. Isso é o que Daisy fez quando finalmente percebeu que vinha se apaixonando por imbecis há tanto tempo, e que não sabia mais reconhecer um homem bom. Quando ela conseguiu se libertar desse círculo vicioso, encontrou seu diplomata e viveu feliz para sempre.

Quando você começar a sair e conhecer todas essas novas pessoas, o que fará quando for rejeitada? Lidar com a rejeição requer uma mudança de atitude imediata. Se uma pessoa não corresponder ao seu interesse, não tome isso como um sinal para desistir e ficar deprimida, mas sim como um convite para seguir em frente! Se você fosse uma colhedora de maçãs e subisse em uma árvore que não tivesse nenhuma maçã em seus galhos, você levaria isso para o lado pessoal e se sentiria magoada e aborrecida? Claro que não! Simplesmente admitiria que não havia nada lá e seguiria para a próxima árvore. Sentir pena de si significa que você perdeu de vista seu objetivo.

Pessoas que fazem a mesma coisa repetidamente e esperam obter resultados diferentes estão fadadas à decepção.

A maioria das pessoas dirá que não está interessada em você de forma diplomática, mas é possível que você também conheça pessoas grosseiras e indelicadas pelo caminho. Quando isso acontecer, desculpe-se educadamente e agradeça por ter descoberto logo o tipo de pessoa que ele era, antes de ter se envolvido de forma mais intensa. Em condições ideais, o processo de rejeição/seleção seria indolor, mas provavelmente você se magoará algumas vezes. Faz parte da natureza humana sentir-se mal em situações como essa, mas não se sinta mal. Aceite a rejeição/seleção como parte do processo de exploração, como parte da jornada, da aventura.

Ao compreender o princípio de que não existe rejeição, apenas seleção, quando estiver em um encontro e as coisas não estiverem indo muito bem, você entenderá que não é culpa de ninguém. Não tem nada a ver com você individualmente; não é algo pessoal. Significa simplesmente que você e seu acompanhante não são tipos psicológicos complementares. Portanto, aproveite o tempo juntos e seja autêntica, continue sendo educada e agradável. No fim do encontro, agradeça, diga adeus e parta para outra pessoa – ou permaneçam amigos, pois amigos sempre ampliam seu círculo social e enriquecem sua vida.

Tudo começa com você

Somente você pode fazer isso acontecer. Se não estiver feliz com a maneira como as coisas estão indo, você é a única pessoa com autoridade e responsabilidade para modificá-las. Você está no comando da sua vida, determine o que será feito e colha as recompensas.

Um, dois, três – sem hesitar. Este é o momento de tomar a iniciativa e envolver-se. Comece lentamente, se for seu estilo, mas torne a socialização uma prioridade em sua vida. Até o final do mês você já será uma especialista em relacionar-se com outras pessoas e perguntará a si mesma por que não fez isso antes.

Exercício 4

Meu plano de ação de socialização

Tomando a iniciativa

Reflita sobre seus tipos favoritos de atividades sociais:

- ☐ Jantares em casa com amigos próximos
- ☐ Festas
- ☐ Jantares casuais
- ☐ Jantares finos
- ☐ Cafeterias
- ☐ Eventos esportivos
- ☐ Esportes individuais/ em dupla (golfe, tênis, boliche etc.)
- ☐ Esportes em equipe (softbol, basquete, vôlei etc.)
- ☐ Caminhadas/ piqueniques/ parques
- ☐ Clubes de música (jazz, rock, R&B etc.)
- ☐ Orquestra sinfônica/ ópera/ balé
- ☐ Teatro
- ☐ Cinema
- ☐ Festivais ao ar livre (culturais, musicais, mercados de pulgas etc.)
- ☐ Dança
- ☐ Clubes noturnos
- ☐ Bares esportivos
- ☐ Bares locais
- ☐ Outros: ______________________________

Escolha uma atividade da lista para criar um evento social:

____

____

Quem você convidará?

____

____

Data e hora:

____

____

Como você fará o convite? (Pessoalmente? Por telefone? Por e-mail? Convite escrito?)

____

____

Quando você fará o convite?

____

____

Você pedirá aos seus convidados para trazerem amigos? (Pegadinha: a única resposta aceitável é *sim!*)

Faça cópias do seu plano de ação de socialização e coloque-as no espelho do seu banheiro e na porta da geladeira.

Exercício 5

Envolvendo-se

Uma ótima maneira de conhecer pessoas é juntar-se a um grupo da comunidade, uma liga de esportes ou um clube, ou curso dedicado a uma atividade que lhe interesse.

Passo 1: Quais são seus interesses?

- ☐ Ligas/ clubes esportivos: golfe, esqui, *squash*, basquete, boliche etc.
- ☐ Clubes de entretenimento: livros, poesia, filmes, jogos de cartas, bingos, coleção de selos etc.
- ☐ Aulas: dança, música, culinária, idiomas, degustação de vinhos, carpintaria, criação de vitrais etc.
- ☐ Organizações voluntárias/ beneficentes.
- ☐ Passeios na comunidade: caminhadas, ciclismo, mergulho, pesca etc.
- ☐ Clubes religiosos.
- ☐ Associações políticas.
- ☐ Outros: ____________________

Passo 2: Pense em algo que você sempre quis fazer/aprender.

____

____

Passo 3: Descubra como se envolver nisso.

Procure no jornal local e nas páginas amarelas, pergunte às pessoas e procure organizações locais na Internet. Anote aqui o que você encontrar:

____

____

Passo 4: Quando você começará a agir?

____

____

Capítulo 4

Encontre seu oposto compatível na Internet

Em 1727, Helen Morrison, uma solteirona de Manchester, Inglaterra, publicou no jornal semanal local o primeiro anúncio pessoal de corações solitários para encontrar um marido. Como resposta, o prefeito da cidade a internou em um manicômio por um mês. Não era exatamente o que ela esperava, mas, de qualquer forma, Helen Morrison foi uma pioneira.

Duzentos e quarenta anos depois e a apenas alguns quilômetros de distância, os Beatles gravavam *Sgt. Pepper's Lonely Hearts Club Band* [a banda do clube dos corações solitários do Sargento Pimenta] e sua música "Eleanor Rigby" ("Todas as pessoas solitárias, de onde elas vêm?") fez metade do mundo comentar sobre o dilema de Helen Morrison. A diferença entre Helen Morrison e Eleanor Rigby é que Helen Morrison de fato fez alguma coisa, enquanto Eleanor Rigby ficou sentada em casa, "vivendo em um sonho". Se existisse a Internet naquela época, talvez ela tivesse encontrado sua alma gêmea.

Quarenta anos depois, a explosão dos serviços de relacionamento on-line criou uma nova alternativa para os corações solitários buscarem o amor verdadeiro. Portanto, se você ainda não encontrou seu oposto compatível por meio das formas tradicionais, aqui está algo que você pode adicionar ao seu kit de ferramentas: buscar sua alma gêmea na Internet.

Em muitos aspectos, encontrar seu oposto compatível on-line é como encontrá-lo pessoalmente. Em festas, bares e na vida em geral, você conversa com muitas pessoas e acaba se conectando com algumas. No entanto, a principal diferença é óbvia: pessoalmente, você tem mais probabilidades de reconhecer a química entre vocês logo no começo; on-line você terá que filtrar, rejeitar e selecionar muitas coisas com base em uma fotografia e em palavras escritas, e ainda assim não saberá se realmente houve uma conexão até encontrar a pessoa cara a cara.

Namorar pela Internet é para todos? Provavelmente não. Funciona? Sim, definitivamente – às vezes. Os serviços de namoro on-line podem ajudar você a encontrar sua alma gêmea – mas só *depois* que você fizer seu dever de casa e aprender a jogar esse jogo. Em muitos aspectos, o namoro virtual é como uma partida de tênis: tem regras, limites, guias – e até uma rede! Existem os iniciantes, os intermediários e os especialistas. E existem vários tipos de jogadores. Vamos ver quem eles são.

Os jogadores

Pessoas que namoram virtualmente costumam fazer parte de quatro principais categorias, com muitas variações.

Românticos

Românticos são aqueles que se apaixonam mesmo antes de encontrar a pessoa. São seduzidos pela troca de e-mails e começam a acender as chamas de uma intimidade antes de haver qualquer evidência de atração física, ou mesmo uma faísca. Podem até pegar o telefone para ligar (isso é importante para algumas pessoas), mas normalmente a conversa por e-mail durará semanas, assim, quando eles finalmente se encontram, já há uma troca de informações. Talvez eles descubram que existe uma química, ou talvez não, mas é provável que coloquem o carro na frente dos bois. Estudos demonstram que relacionamentos por e-mail podem se tornar muito mais íntimos com mais rapidez do que relacionamentos presenciais. Frequentemente se constrói tanta coisa que o encontro real pode ser uma decepção.

Viciados

Viciados incluem os viciados em sexo cibernético (pessoas que buscam sexo on-line), os falsos e os dependentes (farristas obsessivos-compulsivos que passam todas as horas livres verificando se alguém mandou um "beijo"). Eles não têm nenhum interesse em relações duradouras: estão nesse jogo por causa do drama. Viciados costumam publicar anúncios nas seções de "encontros íntimos" dos sites de namoro, mas você pode encontrar algum que esteja em busca de um relacionamento duradouro. Pode ser difícil diferenciar os viciados da coisa real. Uma dica é a velocidade com que eles respondem. Em salas de bate-papo, a maioria das pessoas leva alguns minutos para responder. Os viciados e outros paqueradores virtuais normalmente se entregam ao responder rápido demais, parecendo exagerados ou desesperados, ou ficando íntimos rápido demais.

Fantasmas

A terceira categoria é a dos fantasmas ou discípulos da tecla "delete". São aquelas pessoas que instigam uma conexão, prometem mundos e fundos e depois apertam a tecla "delete". Elas param de mandar e-mails ou conversar com você e simplesmente desaparecem da face da terra. Obviamente, isso também acontece nos relacionamentos reais. Os fantasmas podem ser bastante convincentes no começo, por isso, pode ser difícil identificá-los até que eles realmente desapareçam.

Realistas

Felizmente para você, a maioria das pessoas que utilizam a Internet para relacionamentos sérios é realista. Elas utilizam o namoro virtual como um serviço de apresentação e, quando encontram alguém que parece interessante, marcam um encontro casual para ver se há uma química real. E sempre há a possibilidade de essa relação se transformar em amor. Nem precisamos dizer que esta última categoria é onde você tem mais probabilidades de encontrar seu oposto compatível.

Propaganda para o amor?

Os consumidores adoram odiar a propaganda. Por um lado, pensam que a propaganda manipula e engana; por outro, sabem que ela conduz a melhores produtos e menores preços porque estimula a competição. Independentemente de como você se sinta em relação à propaganda, uma coisa é certa: ela funciona. Funciona para produtos e também para perfis de relacionamento. Sei que isso pode parecer grosseiro ou depressivo para algumas pessoas, mas, se você utilizar os princípios básicos da propaganda, poderá acelerar o processo de encontrar o que quer.

Encontre os sites adequados para você

Qualquer bom vendedor dirá que, antes de começar a divulgar sua mensagem, você precisa saber qual é o público-alvo. Portanto, antes de conversarmos sobre como você pode escrever o perfil perfeito, vamos começar descobrindo onde você quer divulgar sua mensagem.

Existem centenas de sites de namoro, portanto, prepare-se para explorar um pouco antes de decidir onde quer focar sua energia e seu dinheiro. Todos os sites são criados de forma diferente. Assim como bares ou clubes, diferentes sites de namoro costumam atrair diferentes tipos de pessoas, mas frequentemente isso só fica claro depois que você lê alguns perfis.

Pergunte aos seus amigos de quais sites eles gostam e por quê. Passe algum tempo analisando vários sites para ver quais servem e quais não servem para você. Seguem algumas dicas de site de namoros no Brasil:

- Par Perfeito
- Solteiros com Filhos
- BR Match
- Namoro Evangélico
- Brazil Cupid
- Bar Brasil
- Namoro Online
- Clube Amizade
- Par Ideal

- *Explore sites comunitários*. Uma nova tendência no namoro virtual é o uso dos sites de redes sociais gratuitas, como Facebock.com e MySpace.com, para encontrar um romance. Como esses sites tratam mais de amizades, não é uma rota direta, mas você pode encontrar pessoas que tenham interesses similares aos seus e também conhecer amigos de amigos.

O que é mais importante?

Estudos demonstram que os homens costumam primeiro olhar para a foto, enquanto as mulheres primeiro leem as palavras, mas na verdade nunca se sabe o que será mais atrativo. Uma pesquisa encomendada por ThirdAge.com fez a seguinte pergunta: "Quando você vê o perfil de alguém na Internet, o que faz você querer entrar em contato com essa pessoa?". Os homens classificaram um lindo sorriso, senso de humor e um corpo bonito como os três principais fatores, enquanto as mulheres escolheram senso de humor, gosto semelhante em música, filmes, livros etc., fortes valores familiares e lindo sorriso compartilhando um terceiro lugar. Quando se trata do que lhes desagrada, os principais aspectos tanto para homens quanto para mulheres foram: pessoas que traem, atitudes negativas, viciados em televisão e pouco conhecimento de gramática e ortografia. Em relação à foto, a pesquisa descobriu que ela pesa mais para os homens do que para as mulheres, e que roupas bregas e corte de cabelo ruim impactam mais as mulheres do que os homens.

Quando você encontrar os sites que busca, deverá se registrar. Lembre-se de preencher todo o formulário ao se inscrever: isso definitivamente ajuda a encontrar melhores candidatos.

Agora que você sabe aonde está indo, chegou o momento de montar um perfil para atrair potenciais opostos compatíveis.

Os quatro elementos para uma ótima presença on-line são: o primeiro e mais negligenciado é um nome de usuário convincente; o segundo é o título, ou gancho; o terceiro é a foto e o quarto são suas histórias. Os quatro elementos juntos formam um ótimo anúncio virtual.

Um quilo de preparação vale uma tonelada de amor

E se você pudesse pagar alguém para encontrar o perfil perfeito para você? Um perfil que trouxesse ótimos resultados e fizesse você se sentir autoconfiante? O fato é que ninguém pode fazer isso tão bem quanto você – contanto que você receba alguma orientação. Essa "pequena orientação" está bem no final deste livro. Responda aos exercícios que começam no Capítulo 11 para conseguir um conjunto de percepções pessoais e características sobre você e sobre seus sonhos, que poderá usar em seu perfil para torná-lo rico e convincente. Mais da metade dos perfis começa com: "Não sei exatamente o que escrever aqui, mas vamos lá..." ou "Não sei o que estou buscando, mas..." ou "Quero me acomodar..." ou "Sou muito extrovertido/reservado/...". Evite esse tipo de clichê e use o que você aprendeu nos exercícios para escrever um perfil que expresse quem você é da melhor maneira possível.

O que há em um nome de usuário?

Que tal amor à primeira "vista"? A maioria das pessoas não dá muita atenção para seu nome de usuário. "É apenas uma etiqueta boba para que as pessoas me reconheçam e para que eu receba e-mails." Errado! Seu nome de usuário é a primeira impressão real que você causa nas pessoas.

Pense em seu nome de usuário como se fosse um par de sapatos. Se você for a um encontro com sapatos baratos, desgastados e sujos, seus sapatos falarão muito sobre você antes mesmo de você abrir a boca. Se usar sapatos limpos, bem-cuidados e bonitos, seus sapatos contarão uma história diferente. O mesmo acontece com seu nome de usuário, e pode ser bem rápido, como Kimi e "detetive dos dentes" descobriram.

Kimi, mãe de três filhos e divorciada, estava se sentindo solitária. "Eu só queria uma conversa inteligente", ela me confidenciou. "Não sabia nada sobre namoro virtual".

Estimulada por sua filha de 17 anos, Kimi se inscreveu por uma semana em um site de relacionamento que ela encontrou no Google. O cupido devia estar rondando Kimi naquela noite, porque depois de cinco minutos explorando o site, ela encontrou um nome de usuário que chamou sua atenção. Ela mergulhou rapidamente e deu seu primeiro clique.

"Eu sou enfermeira", ela me contou, "e estava buscando alguém inteligente só para conversar. Percebi esse nome de usuário e imaginei que aquele homem poderia trabalhar na área de saúde. Cliquei sobre seu nome e disse 'Oi'. Trinta segundos depois recebi uma resposta: 'Tudo bem?'."

"Nunca me senti tão cansada na minha vida como nos seis dias seguintes ao primeiro contato. Ficamos on-line durante três dias, das onze horas da noite até as três da manhã, depois trocávamos o computador pelo telefone e conversávamos mais um pouco. Eu vi o sol nascer durante três dias seguidos. Ele era tão interessante e articulado, e o tempo voava para nós dois enquanto compartilhávamos nossas histórias, pensamentos e sonhos. Depois nos conhecemos pessoalmente. Isso foi há um ano. Nós dois temos filhos e desde então eles se tornaram bons amigos. E eu e meu dentista, 'detetive dos dentes'? Somos inseparáveis. Temos muito em comum, apesar de nossas personalidades serem bastante diferentes. Eu sou extrovertida e ele é muito reservado. Não acredito em almas gêmeas, ou pelo menos não acreditava, mas é como se ele fosse minha outra metade. Agradeço aos céus por ele ter escolhido esse nome de usuário."

A moral dessa história é que cada peça da nossa presença on-line conta. Pense bastante sobre seu nome de usuário e, se estiver buscando alguém que compartilhe seus valores e motivações, tente escolher um nome de usuário que os reflita e envie uma mensagem implícita. Por um lado, nomes como: "beijobem3224" e "oigostoso786" sugerem fortemente que você não está buscando um relacionamento duradouro e significativo. Por outro, se você gosta de cavalos, pode usar algo como: "opoderdasrédeas". Se você gosta de direito, talvez "águialegal". Se fotografia for sua paixão, "focosuave" atrairá respostas de pessoas que sabem do que você está falando. Substitua "focosuave" por "esfumadogaussiano" (se você tiver que pesquisar esse termo, já entendeu a ideia) e restringirá ainda mais o campo.

Seu título ou gancho

Editores de jornais e revistas usam títulos para chamar a atenção de seus leitores. "Matt Damon Exclusivo", "O Segredo da Limpeza de Taças de Vinho", "Socorro! Meu filho adolescente está me deixando maluca!". Esses são títulos que encontrei no jornal local e cada um deles está dirigido a diferentes tipos de "fatores motivadores", para diferentes tipos de pessoas. Fatores motivadores são ganchos emocionais, como saúde, curiosidade, dinheiro, ambição, medo, segurança, status e amor. Um gancho de um fator motivador é uma palavra ou frase que incita interesse, curiosidade, medo ou outra resposta passional.

Anunciantes utilizam diferentes tipos de ganchos para acionar diferentes fatores motivadores. Existe a pergunta que faz o gancho para a curiosidade: "Quando foi a última vez que você mimou seus pés?". Gancho de ação para a empolgação: "Como ser a alegria da festa!". Gancho para a curiosidade: "Zorro era, na verdade, irlandês". Gancho de caráter romântico: "Eu não imaginava que esse dia chegaria". O gancho de temperamento vai direto para os sentidos: "Gargalhadas vinham de salas ao nosso redor". Existem outros tipos de ganchos, mas acho que você entendeu a ideia. Os ganchos são palavras ou frases provocantes, alegres e chamativas.

O título de intriga normalmente é uma afirmação e é pensado para suscitar a curiosidade.

Observe os títulos que as pessoas usam em sites de relacionamento. Repetidas vezes encontramos ganchos como: “Dando uma última chance”, “Nunca repito”, “Cansei de procurar” ou “Esperando me apaixonar loucamente!!!”. Esses títulos demonstram desespero e fazem você querer dizer: “Próximo”.

Tente diversos títulos, com diferentes abordagens. Veja o que funciona melhor, mas, se estiver se sentindo frustrada, tente um gancho de intriga. O título de intriga normalmente é uma afirmação, não uma pergunta, e é pensado para suscitar a curiosidade. Deve ser positivo, cativante e otimista. Assim como fotógrafos leem revistas de fotografia e jogadores de golfe leem revistas de golfe, você pode aproveitar ao máximo seu gancho preparando-o para sites específicos.

Se você quiser encontrar uma alma gêmea vegetariana, tente “Amante dos vegetais”. Quer encontrar um rapaz simples e do interior? Tente o título do maravilhoso livro da minha amiga Laura Schaefer sobre os melhores e piores anúncios pessoais: *Homem dono de fazenda procura mulher proprietária de trator*. Se você está à procura de fanáticos por velejar, encontre um site de relacionamento que atende a velejadores e usa um título náutico, como: “A navegação celestial alegra meu dia”. Um piloto de planador pode usar: “Amor no radar”. E para alguém que adora cozinhar?: “Ovos mexidos à meia-noite”. Um músico pode optar por algo do tipo: “Não compre música de estranhos!”. Mantenha distância de títulos sem graça, negativos ou clichê, como: “Garota comum, vida comum”, “Viúva desconsolada”, “Olá, rapazes” ou “Nada melhor para fazer”. Eles são tão animadores quanto instruções para ferver água. Já outros, como: “do vestido ao jeans”, “trabalho muito/ me divirto muito”, “parceiros no crime”, “adoro rir”, “aproveito a vida ao máximo” e “tranquila e pé no chão”, dizem mais sobre sua imaginação (ou falta de imaginação) do que sobre seus atrativos. Seja sincera, mas evite qualquer coisa que pareça patético, desesperado, arrogante ou fútil.

Sua foto

Passei a primeira metade da minha vida adulta tirando fotos de moda e estilo de vida para clientes internacionais, como Revlon e Coca-Cola, além de dúzias de capas de revistas de moda, portanto, entendo, um pouco, do que é necessário para criar uma imagem atrativa. Algumas coisas são óbvias: contato visual com a câmera sinaliza confiança e abertura; um sorriso verdadeiro indica acessibilidade, confiança e felicidade; e uma linguagem corporal aberta (sem colocar os braços em volta do corpo ou sentar-se abraçando os joelhos e sem levantar os ombros perto das orelhas) sinaliza que você é uma pessoa aberta.

A foto que você coloca no seu perfil deve fazer você parecer desejável e especial, e deve inspirar a imaginação. Não há desculpa para uma exposição errada, iluminação ruim, tons de pele desagradáveis, olho vermelho, ângulos ruins ou ambientes feios. Cabelos feios e tons de pele amarelados fazem você parecer doente. Tire algumas boas fotos, tanto de rosto quanto de corpo inteiro. Resista à tentação de usar a foto de rosto do seu crachá da empresa ou a foto da carteira de motorista.

Se possível, peça a um profissional que tire uma boa foto do seu estilo de vida. Se não, peça a um amigo que tire algumas fotos. Seja paciente na sua busca por bons resultados. Um retrato de estilo de vida geralmente parece mais íntimo quando a pessoa está (levemente) inclinada para a frente ou para o lado com um cotovelo sobre algum lugar e quando seus ombros não estão tão simétricos quanto estariam em uma foto de passaporte. Observe algumas capas de revistas de moda e você entenderá o que estou dizendo.

Suas roupas e o ambiente falam muito sobre sua personalidade. Decote exagerado, camisetas esfarrapadas e cabelos sujos passam um sinal errado. Agachar-se sobre uma mesa de hotel e piscar para a câmera, sentar-se em um sofá velho com um cachorro poodle debaixo de um braço e um ursinho de pelúcia no outro quando você já tem cinquenta anos, ou juntar-se a um grupo de pessoas com capas de chuva ao lado de um ônibus com uma legenda que diz: "Eu estou à esquerda" (sim, esse tipo de foto está mesmo na Internet) tem mais probabilidade de causar pânico do que motivação.

Tire fotos com boa iluminação! É impressionante a quantidade de fotos em sites de relacionamento que parecem ter sido tiradas no dia mais sombrio, deprimido e triste do ano. E, por favor, nada de óculos escuros. As pessoas querem ver seus olhos. Pense em qualidade, simplicidade e vigor – e deixe a luz dos seus olhos brilhar!

Cultive um toque de mistério. Em quase todas as fotos da Princesa Diana, ela parece estar com um olhar aberto e direto, e ainda há uma impressão de algum elemento enigmático que deixa o observador curioso em saber mais sobre ela. É como se ela estivesse pensando: "Eu sei algo que você não sabe".

Uma última dica: certifique-se de que sua foto seja coerente – ou pelo menos não seja contraditória – com seu nome e com seu perfil. Uma vez, vi um anúncio com o título: "Homem dinâmico, vida dinâmica". O problema é que o homem na foto parecia prestes a cair no sono, com os olhos meio fechados, a postura curvada e a boca meio aberta. Talvez sua vida dinâmica o tenha deixado exausto, mas o homem apagado na foto simplesmente acabou com o impacto de suas palavras.

A descrição do seu perfil

A substância da sua mensagem é o que você escreve no seu perfil. Em publicidade isso se chama descrição. Em alguns sites ela toma a forma de um parágrafo geral, mas em muitos você terá que responder a algumas perguntas em categorias como: "Sobre mim", "Sobre você", "Meus interesses" etc. Independentemente da forma, em apenas cento e poucas palavras, sua descrição deve cumprir dois objetivos: em primeiro lugar, deve fazer o leitor imaginar como estar com você satisfará algumas de suas necessidades, vontades, medos ou desejos sem ter de dizer isso diretamente; em segundo lugar, deve deixar o leitor interessado o suficiente para querer conhecê-la pessoalmente. Como você consegue isso? Crie histórias a partir dos exercícios do Capítulo 11. Escolha palavras e frases com associações emocionais que surjam em seus pensamentos. Dê ao seu primeiro parágrafo um impacto. As primeiras frases devem prometer emoção, aventura, humor, interesse ou mesmo romance. Como exemplo, analisemos o perfil real de uma mulher chamada Olivia.

"Disseram-me que, em um bom dia, eu pareço com a Uma Thurman e..."

Sobre mim:

"..., em um dia muito ruim, com William Dafoe. Durante minha juventude rebelde (antes de eu me formar), vi mais shows *da banda Dead do que você imagina. Adoro arquitetura, a revista The New Yorker, cachorros, crianças, NPR, Babbo, compositores judeus depressivos, Moby, bife para dois e as palavras cruzadas de domingo. Tricoto e dirijo (não ao mesmo tempo) e em qualquer noite dessas posso estar jantando em um novo restaurante, trabalhando como voluntária em um abrigo para indigentes ou passeando pelo jardim da minha casa de campo. Trabalhei um pouco como modelo, mas nada glamoroso (apesar de que já estive em uma revista sobre a qual você poderá contar aos seus amigos). Em geral, sou feliz e gentil (embora um pouco crítica)."*

Esse perfil pinta imagens com as palavras e revela caráter, valores e motivações, além de mostrar (em vez de dizer) que ela tem senso de humor. Logo de cara você vê que ela não está procurando qualquer pessoa.

Olivia continua:

Estou procurando:

"Um homem inteligente, engraçado e gentil que tenha um terno (mas que não seja um), que tenha um livro favorito (que não seja A Nascente*) e que adore vinho tinto e um grande bife. Seria ideal que toque violão. Deve ser o canivete suíço dos namorados (prestativo, atraente e capaz de abrir garrafas de vinho e de tirar espinhas de peixe). Faço piada à custa dos chatos de galocha em eventos beneficentes, apesar de eu mesma já ter trabalhado em um comitê beneficente. Sem 'provocações', por favor! Elas são irritantes."*

Meu primeiro encontro perfeito:

"Eu desvio o olhar do chato que está no bar lotado tentando me conquistar com uma cantada incrivelmente ridícula e olho para você. Você está surpreendentemente igual à sua foto. Você é repugnantemente charmoso e me faz corar."

Assim como em um filme, a cada parágrafo Olivia revela um pouco mais de seu caráter.

Ela conseguiu os resultados que queria. Olivia encontrou seu oposto compatível e os dois estão casados e vivem felizes há quatro anos.

Se você quiser motivar alguém de forma impressa, mostre, não conte. É impressionante a quantidade de pessoas que escreve: "Sou engraçada", mas não diz nada nem de longe engraçado em seu perfil!

Não diga a ninguém que você é carinhosa, mostre. "Ensino arco e flecha a crianças aos sábados pela manhã. Passo mais tempo retirando a lama..."

Em vez de dizer às pessoas que você é inteligente e esperta, mostre isso a elas. "Sortuda ou esperta? Acho que vou descobrir em breve. Terminei o programa de MBA que me consumiu um ano e meio".

Dicas rápidas para escrever um perfil

- Escreva parágrafos curtos e evite palavras pomposas. Você não quer que as pessoas fiquem em uma saia justa.
- Mantenha a classe: frases como: "Quer me levar para um 'rala e rola'?" ou "Uma caixa de cervejas e um garotão é tudo que eu preciso" não vão trazer uma alma gêmea para você. Não se vanglorie nem se elogie muito e fique longe de superlativos como: "a melhor, a maior, a mais legal".
- Peça a um amigo que leia seu perfil para garantir que sua personalidade seja retratada no que diz e na forma como diz.
- Ainda que não seja verdade, nunca revele que você está em busca de uma alma gêmea, pois isso pode assustar algumas pessoas.
- Mantenha seu perfil renovado, mude periodicamente seu título e descrição, atualize suas fotos pelo menos uma vez por ano.
- Verifique a gramática e a ortografia do texto.
- Não crie vários perfis de usuário, pois você pode se confundir e poderá parecer falsa.

Faça um perfil interessante. As pessoas gostam de se sentir entretidas e inspiradas. Você não pode obrigar alguém a ser seu namorado. Pode apenas fazer alguém se interessar por você. Noventa por cento dos perfis começa com: "Eu". Cinquenta por cento confessa que é honesto, amigável e perdido. As pessoas querem que você seja interessante, e não ouvir que você é decente, trabalhadora, carinhosa, generosa, confiante, realista e gentil! Deixe-as descobrirem tudo isso.

Seja específica. Em vez de dizer: "Gosto de esportes e de comer fora", diga "Adoro o Palmeiras e um bom bife na Casa do Churrasco". Veja os exemplos que eu apresentei anteriormente e você se deparará com termos como as palavras cruzadas do domingo, Uma Thurman, um trator, arco e flecha, um bom bife e muito mais imagens em palavras.

Prometa pouco e entregue muito. Negócios de sucesso sabem que essa é a melhor forma de cultivar a confiança, satisfação e lealdade. Prometa, aproximadamente, 5% menos e as pessoas que você conhecer se surpreenderão cada vez mais. E seja honesta. Uma mulher com quem conversei passou várias semanas enviando e-mails para um homem que dizia ter 40 anos, mas, quando eles finalmente se encontraram, ele tinha quase 60 anos. Sua explicação? "Mulheres mais jovens não escreviam para mim quando eu colocava minha idade verdadeira." Nem preciso dizer que esse relacionamento não teve futuro.

Finalmente, uma das ferramentas mais simples e mais persuasivas da propaganda é o chamado trampolim. Um trampolim é uma técnica psicológica simples usada para destacar um ponto forte ao sobrepô-la a um ponto fraco. Aqui está um exemplo: "Podemos não ser a companhia aérea mais barata do mercado, mas temos o melhor histórico de segurança". O ponto fraco é uma declaração verdadeira que mostra, em vez de dizer, que você é honesta e humana. O ponto forte agora brilha ainda mais por causa do contraste. Em publicidade, trampolins são usados para solidificar lealdade e confiança. O mesmo acontece com seu perfil virtual. Em seu perfil, você pode fazer um trampolim ao dizer: "Posso não ser a mulher mais bonita do quarteirão, mas fico linda em um vestido de festa". Olivia usou um trampolim reverso no topo de seu perfil (começando com um ponto forte seguido de um ponto fraco).

Uma palavra aos sábios

Faça um endereço de e-mail separado para namorar, a fim de manter essa parte da sua vida separada do seu trabalho e da sua vida social. Caso você conheça alguém e as coisas não deem certo, se a pessoa continuar lhe escrevendo, você poderá pelo menos isolar as mensagens nessa outra conta de e-mail.

Coloque a bola para rolar

Você publicou seu perfil nos sites, está satisfeita com tudo e agora verifica ansiosamente seu e-mail para ver se há resultados. Essa fase é emocionante, mas você pode acabar ficando impaciente, tensa e crítica e pode começar a inventar desculpas e a se magoar. É difícil resistir a esses sentimentos, mas eles não ajudarão você nesse momento: na verdade, farão o oposto. Tomamos decisões ruins quando estamos em um momento negativo, seja jogando tênis ou paquerando pela Internet. Sentir-se deprimida, insegura ou negativa em relação à paquera ou a si mesma pode nublar seu raciocínio. Encontrar uma forma de se livrar desses sentimentos críticos é essencial nessa etapa. Você já fez sua parte. Agora relaxe.

Isso não significa que você deve se sentar passivamente e esperar que o Príncipe Encantado a encontre. Dê uma olhada nos perfis nos sites em que você se inscreveu. Para evitar ter que olhar 20 mil perfis em cinco sites, você pode fazer uma busca por palavras-chave, que gerará prováveis correspondências. Por exemplo, um músico preferido, autor ou passatempo, sua universidade ou o que você quiser. Se encontrar alguém que gostaria de conhecer, escreva para ele imediatamente. Bastam algumas frases, já que ele poderá ler seu perfil on-line para saber mais.

Descubra o que funciona para você

Provavelmente, levará algum tempo e um processo de tentativas e erros até que você sinta que realmente conhece o processo e determine como o namoro virtual funciona para você. Pode ser que cometa alguns erros, se corresponda com alguns fracassados e participe de alguns encontros ruins antes de descobrir como quer lidar com esse processo. No entanto, quando chegar a esse ponto, restrinja-se ao que funciona para você. Maya, por exemplo, preferiu não falar por telefone antes de encontrar a pessoa. "Achei que seria esquisito", ela disse. "Além do mais, eu não queria ser pega desprevenida em horas estranhas, não queria que homens dos quais eu não gostava tivessem meu número de telefone e não queria quebrar a cabeça para descobrir qual deles era o que eu não gostava."

Não seja tímida ao escrever. Uma mensagem curta com algo específico que você gostou no perfil é perfeita. Procure afinidades (interesses ou gostos afins) e momentos "eu também" (veja mais sobre esse tema no Capítulo 8).

O que há de errado com o Sr. Perfeito?

Um editor da revista *Esquire* me perguntou por que o perfil de um determinado leitor não estava conseguindo os resultados desejados. Superficialmente, esse homem de 39 anos, bonito e com uma ótima vida/ trabalho/ futuro parecia o Sr. Perfeito.

Reuni oito mulheres entre 23 e 35 anos (a faixa etária desejada por ele) e entreguei-lhes seu perfil e de mais dois outros homens da mesma idade do Sr. Perfeito (os dois outros perfis foram agregados para que as mulheres não soubessem qual era minha intenção). Pedi-lhes que anotassem suas primeiras impressões sobre os três. O Sr. Perfeito não se saiu bem. Uma das mulheres disse:

"Ele é arrogante e está tentando se descrever como alguém que não é". "Exigente". "Patético". "Está tentando ser um herói". "Pressão demais". "Se você quer uma pessoa petulante, é só dizer". Quatro delas disseram: "Metido". E quando uma disse: "Ele se acha um atleta de colégio", todas aplaudiram. Por que o Sr. Perfeito estava parecendo mais alarmante do que charmoso?

O que ele estava fazendo de errado? Muita coisa. Seu perfil tinha um nome de usuário (perfeitoparavocê) e um gancho ("Você pode achar que é uma em um milhão, mas neste mundo isso significa que existem 6 mil pessoas iguais a você") detestáveis, uma lista intimidante com suas habilidades e resplendor (carreira executiva bem-sucedida, soberano em qualquer atividade manual, adorado por animais, praticante de todos os esportes que você puder imaginar, malho cinco vezes por semana etc.), uma lista tirânica de exigências para seu par (ousada, assertiva, brilhante, diploma universitário ou PhD, que goste de nadar sem roupa, não fumante, sarcástica e assim por diante).

Se você olhar para cada um desses componentes individualmente, observará que nenhum deles é irracional. Em defesa do Sr. Perfeito, ele certamente sabia o que queria. Foi o contexto geral que ficou contra ele. Ele até podia ser um ótimo partido, mas se levou muito a sério e, o mais importante, não demonstrou nenhum ponto fraco e não fez nenhuma brincadeira consigo mesmo. O Sr. Perfeito precisava de um trampolim. Se ele tivesse dito algo como: "Sei que, às vezes, pareço um pouco arrogante ou controlador, mas no fundo sou apenas um coração mole que adora aproveitar a vida", teria mostrado seu lado mais humano, e esse é o lado com o qual as pessoas querem se conectar.

Ao ler o perfil de outras pessoas (e seus e-mails, se vocês começarem a se corresponder), imagine que está lendo seu currículo. Alguma coisa parece estranha? Falta alguma informação? Alguma coisa passa uma sensação engraçada sobre a pessoa? Se algo não parecer bom, seja por causa da forma como um e-mail foi escrito ou algo que você sentiu depois, durante o primeiro encontro, confie na sua intuição.

Também confie em você se algo parecer bom. No primeiro e-mail de Keira para Jared, ela perguntou por que ele ainda não havia se casado. "Seu e-mail poderia ter colocado a maioria dos homens na defensiva," ele me contou, "mas eu admirei sua franqueza, por ter expressado suas preocupações [...] Tomei o fato de ela ter respondido sem demora como algo positivo, por isso não me senti mal com a franqueza do seu e-mail."

Os prós e contras do namoro pela Internet

Vantagens:

- O processo é mais fácil do que ir a uma festa à espera de conhecer alguém. Você não se envolve emocionalmente no começo, apenas demonstra interesse e pode filtrar vários atributos (não fumante, interessado em esportes, frequenta a igreja etc.) em vez de confiar no acaso, como você faria em uma reunião social.
- Não há dúvidas de que todos no site querem conhecer alguém, por isso, não há as dificuldades e incertezas que você teria em algumas situações sociais, nas quais a situação amorosa de uma pessoa ou mesmo sua orientação sexual pode não ser óbvia.
- Você pode pensar em todas as coisas que gostaria de saber sobre seu potencial par a partir do perfil dele e fazer uma lista de perguntas para ajudar a iniciar suas conversas.

- Ao ler atentamente o perfil das pessoas, você pode rapidamente descartar aquelas cujos interesses, idade, valores, religião ou qualquer outra característica não a atraiam. O mesmo ocorre quando você publica seu próprio perfil: quando se descreve com sinceridade e é clara em relação aos seus valores e interesses, aumenta as probabilidades de que uma pessoa compatível lhe escreva.
- Normalmente uma foto – ou até múltiplas fotos – acompanha o perfil de uma pessoa. Os olhos realmente são as janelas da alma; poder colocar um rosto nas palavras do perfil definitivamente ajuda a ter uma ideia mais clara da pessoa com quem você está conversando.
- O anonimato inicial da Internet ajuda pessoas tímidas a "abordarem" outras pessoas e a tomarem atitudes que elas nunca tomariam pessoalmente.
- Você pode se conectar com pessoas que não conheceria de outra forma, pois seus círculos sociais e/ou profissionais não se cruzam.

Desvantagens:

- Você pode ficar confuso com o namoro pela Internet: é um remédio fácil para a solidão ou o tédio, porém tem curto prazo e vicia. Mas é essencialmente cego. Nossos instintos em relação a uma pessoa se baseiam não só nas ideias que ela quer comunicar, mas também na aparência (que vai além de uma foto), linguagem corporal, expressões faciais e tom de voz – todas as sutilezas que se perdem com a comunicação pelo computador, independentemente de quantos *emoticons* você use. A menos que vá além da etapa de enviar e-mails, a Internet não lhe fará nenhum bem.
- O namoro virtual é limitado, porque você só conhecerá pessoas que passam algum tempo on-line, o que,

principalmente, se você for mais velha, poderia excluir muitas pessoas.

- Assim como na vida real, algumas pessoas com más intenções frequentam sites de relacionamento virtual. Esta é uma história que pode servir de alerta: uma mulher que eu conheço – vamos chamá-la de Sandra – conheceu um homem pela Internet. Eles trocaram e-mails e se encontraram algumas vezes durante dois anos; Sandra realmente acreditava que o conhecia e que ele era o homem dos seus sonhos. Ela pediu demissão do trabalho para se casar e se mudou para outro estado para morar com ele. O que ela descobriu da forma mais difícil foi que ele era um interesseiro e estava cheio de dívidas. Eles estão se divorciando após 18 meses de casamento. "Ele limpou minha conta bancária! Que amor que nada. Uma semana depois que eu entrei com o pedido de divórcio ele voltou à Internet para procurar outra tola!"

Marque um encontro assim que você decidir que gosta de alguém (após três ou cinco bons e-mails). Com frequência, as pessoas trocam e-mails durante semanas antes de uma delas sugerir um encontro cara a cara e, durante esse tempo, cada um constrói uma imagem mental do outro que não se parece nada com a pessoa real. A aparência de uma pessoa, linguagem corporal, expressões faciais e tom de voz são componentes cruciais da atração e, se não houver essa química, não importará o quanto suas preferências em filmes e livros combinam. Portanto, quando conhecer alguém on-line e sentir uma pontada de atração, aja. Convide a pessoa para tomar um café ou outra bebida, ou para algo mais especial, se vocês tiverem desenvolvido uma conexão particularmente boa.

Assim como no mundo real, quanto mais você se expõe na Internet, mais suas chances de conhecer pessoas melhoram, mas não caia na síndrome de olhar e não comprar. Quando você realiza uma busca e descobre 800 possíveis combinações, é muito fácil começar a "colecionar" pessoas em sua pasta de favoritos e depois acabar não escrevendo para nenhuma delas. Antes mesmo que perceba, estará no caminho para se tornar uma "Viciada" ou "Fantasma".

Lembre-se de que nem todas as pessoas para as quais você escreve responderão, assim como provavelmente você não responderá a todos os que lhe escreverem, mas faça um esforço para responder ao máximo de pessoas possível. Não é apenas uma questão de boas maneiras, é uma questão de bom senso. Muitos serviços de namoro on-line mostram seu percentual de respostas. Se eles forem baixos, falarão muito sobre sua personalidade e isso é desmotivador. No entanto, não se sinta mal por não responder se uma mensagem for genérica ou estranha ou enviada por um homem casado e com cinco filhos em um país distante. Se alguém escrever uma mensagem pessoal gentil, mas você não estiver interessada, um educado: "Obrigado por escrever, mas infelizmente não combinamos muito" é uma resposta apropriada.

Se você não estiver conhecendo as pessoas que gostaria, tome o controle da situação e pense em experimentar um site diferente. No entanto, antes de abandonar o navio, verifique novamente seu perfil. Sua descrição e sua foto mostram o seu melhor?

Independentemente de conectar-se virtual ou pessoalmente, a honestidade sempre é a melhor política. Isso não significa que no seu primeiro encontro você deve tagarelar sobre seu divórcio complicado, ou sobre a bebedeira do seu tio George ou sobre sua recente colonoscopia. Tampouco tente parecer uma pessoa que não é. Todos sabemos que as pessoas exageram quando estão tentando impressionar. Exagerar: aceitável. Enfeitar: aceitável. Mentir: inaceitável.

O grande evento: o encontro

Não importa quantas respostas você recebe por seu anúncio, não importa a quantos anúncios você responde e não importa o quão bem você ajustou seu processo de seleção, tudo está nas mãos daqueles primeiros minutos em que se conhece uma pessoa nova cara a cara e causa as impressões iniciais. Todo este livro trata de maximizar os primeiros 90 minutos de um relacionamento, portanto, é bom você ler tudo antes de começar a marcar encontros. Você aprenderá a usar a linguagem corporal para construir confiança, fazer perguntas abertas para encontrar afinidades e criar intimidade por meio da autoexposição e do toque incidental.

Dito isso, existem algumas coisas que dizem respeito especificamente a primeiros encontros com pessoas que você conheceu on-line.

Você se encontrará com um estranho, portanto escolha um local público e combine de tomar um café ou outra bebida, algo que não leve muito tempo, mas que possa ser prolongado se você estiver se divertindo. Conte a um amigo onde e quando será o encontro e seja discreta: não revele seu nome completo, telefone residencial ou endereço até que você realmente confie na pessoa.

Pense com antecedência sobre o que espera saber sobre a pessoa e pense em perguntas para fazer a ela. Isso ajudará a determinar se vocês são compatíveis e também poderá ajudar se houver alguma pausa embaraçosa durante a conversa.

Faça o possível para não deixar suas expectativas – positivas ou negativas – atrapalharem. Por um lado, se vocês tiveram uma ótima troca de e-mails, pode ser que você tenha imaginado esse encontro em sua mente, o que aumenta as chances de se decepcionar. Por outro, se você não tem certeza sobre essa pessoa (e talvez a esteja encontrando para ser gentil ou aberta), pode ser que esteja disposta a dispensá-la muito rapidamente. Deixe suas expectativas de lado (é mais fácil falar do que fazer, eu sei) e encontre a pessoa em seus próprios termos.

Você se encontrará com um estranho, portanto escolha um local público e combine de tomar um café ou outra bebida.

Entre na dança

Haverá momentos estranhos. Para começo de conversa, pode ser que vocês nem consigam se reconhecer. É bom combinarem uma pista visual. Diga a ele o que você vestirá ou leve um "apoio": um livro ou uma revista, uma rosa amarela, a moto vermelha do seu primo – você escolhe. Um apoio é ótimo porque pode se tornar um tema de conversa naqueles primeiros segundos. Mantenha a calma. Não tenha pressa. Acima de tudo, seja você mesma.

Leia as seções sobre conversas gerais e conversas divertidas (Capítulo 10) novamente, antes de sair de casa. Mantenha a conversa leve e evite qualquer assunto profundo ou sexual. Também é bom ter uma atitude positiva. Não faça fofocas nem fale mal de ninguém. Seja autêntica – não diga clichês ou algo que pareça ensaiado.

Procure afinidades selecionando indicadores e informações livres (ver Capítulo 8: Conversa e Química). Entre em mais detalhes nos assuntos que já sabem um sobre o outro. Faça perguntas sobre o que ele gosta de fazer em seu tempo livre. Descubra de que tipo de música, filme e TV ele gosta. Vale a pena estar informada sobre temas da atualidade e cultura popular. Elogie (apenas se for com sinceridade) algo que ele está vestindo ou um acessório. Pergunte onde ele comprou. Conversas gerais têm a ver com ser observadora.

Lembre-se da importância do contato visual e de um sorriso (mas não exagere, ou você assustará a pessoa. Use uma linguagem corporal aberta (Capítulo 5) e entre em sintonia. Vista roupas que façam você se sentir bem com sua aparência. Certifique-se de que a pessoa participe da conversa. Lembre-se de ficar quieta e escutar. Ouça com seus olhos e com seus ouvidos.

Esteja preparada para surpresas. Um homem descobriu que a mulher com que se encontrou estava grávida de seis meses, algo que ela não havia mencionado antes. Uma mulher se encontrou com um homem que levou sua filha de oito anos ao encontro. Outra mulher marcou um encontro com um homem que disse, ao vê-la: “Eu estava esperando alguém um pouco mais jovem”. Também tem o homem que usou um cupom para pagar pelo jantar; outro que paquerou a garçonete em vez de a mulher com que marcou o encontro; uma mulher que só falava sobre si; um homem que soltava gases repetidamente; uma mulher que estava vestida 20 anos mais jovem do que realmente era; outra que tossia sem tapar a boca com a mão; um homem que não parava de tocar a mulher com quem se encontrou; outro que ficava palitando os dentes; uma mulher que passou metade do encontro falando sobre quanto seu ex ganhava; o homem que fez uma ligação em seu telefone celular no meio do jantar em um restaurante e, ainda conversando, levantou-se da mesa e parou em frente a um espelho para se ajeitar e se admirar – além de falar alto demais. (Existem algumas razões por que jantar em um primeiro encontro não é uma boa ideia. Veja o box no Capítulo 9 sobre o assunto).

Confie em seus instintos

Todos os relacionamentos são construídos com base na confiança e não há melhor forma de julgar essa confiança do que conhecendo alguém pessoalmente. Suas primeiras reações quando encontra alguém cara a cara são involuntárias. Elas são causadas por um pequeno bulbo que fica no topo da sua coluna vertebral, chamado cérebro reptiliano. Esse órgão, com milhões de anos de antiguidade, é responsável por regular coisas básicas, como: o ato de respirar, engolir, os batimentos cardíacos, seu sistema de rastreamento visual e seu reflexo involuntário. Ele cuida de você 24 horas por dia. Para os répteis as escolhas são simples: ignoro este animal, janto o animal, acasalo-me com ele ou corro dele? Para você, faça esta simples pergunta e responda com sua intuição.

Eu confio nele?

E lembre-se, você sempre pode ir embora caso se sinta desconfortável.

Se sentir uma conexão, diga à pessoa que você se divertiu muito e adoraria sair novamente. Não pergunte como ela se sentiu enquanto estiverem juntos, porque isso a colocará em uma situação difícil e você poderá não receber uma resposta sincera. Certifique-se de deixar claro que você gostaria de outra chance de se encontrar e que adoraria ter notícias dela em breve.

Comprometa-se com o namoro on-line por pelo menos seis meses. Algumas pessoas desistem depois de conhecer dois ou três perdedores. Mantenha a mente aberta e uma atitude positiva, mas não se entusiasme muito para não se decepcionar. A Internet dá acesso a milhares de solteiros potenciais, quase sem barreiras sociais. Se você tiver energia suficiente, nada a impedirá de sair com uma pessoa diferente todas as noites da semana depois de apenas alguns meses. Mas não faça isso. Limite-se a participar de dois encontros por semana. Mesmo assim já é demais. Se tiver de ser, será. Você conhecerá pessoas pelas quais se interessará, mas que não se interessarão por você e vice-versa. Haverá aquelas que, literalmente, a deixarão sem ar e farão você gaguejar, pensando no que dizer a seguir. E haverá uma ou outra ocasião em que os dois ficarão sem ar e sem palavras.

Finalmente, saiba quando ocultar seu perfil ou torná-lo privado e quando eliminá-lo. Muitos dos sites de relacionamento mostram quando foi a última vez que o usuário acessou o site. "Eu já saí com mulheres que conheci on-line", Ozzy me contou, "e pensei que tivemos uma fantástica conexão mútua. Concordamos em focar apenas em nós dois em vez de continuar explorando outras opções na Internet, mas depois descobri que ela ficou on-line várias vezes por dia depois do nosso ótimo encontro!"

Se vocês tiverem dois ou três encontros muito bons e concordarem que há química, oculte seu perfil, pelo menos até dar uma chance a fim de verificar se há potencial em longo prazo. Se não fizer isso, será como um tapa na cara do outro.

Apenas mais uma ferramenta no seu kit

Com mais de milhares de pessoas acessando sites de relacionamento todos os anos, o namoro pela Internet veio para ficar. Mas ele é apenas outra opção – outra forma de conhecer pessoas. A única coisa que não quero é que você solicite um serviço em vez de explorar outros métodos. Pense na Internet como uma fatia de uma torta de socialização maior – não como um substituto para não ter de sair à rua e conhecer pessoas. Use-a como apenas uma das muitas formas de expandir seu círculo de amizades, para conhecer pessoas em um ambiente social e para, quem sabe, encontrar seu oposto compatível. Seja persistente.

Parte 2

Aperfeiçoamento

Aperfeiçoe suas habilidades pessoais a fim de que esteja pronta para se conectar quando conhecer seu oposto compatível.

Capítulo 5

Uma incrível primeira impressão

O que faz de uma estrela uma estrela? Não me refiro apenas a estrelas dos palcos ou das telas, mas também àquelas pessoas que você vê em uma festa ou em uma loja de jardinaria e que a atraem e prendem sua atenção mais que uma pessoa comum. São pessoas para as quais você olha e, de alguma maneira, quer estar com elas. O que faz que se sinta atraída por elas? Será a forma como elas se vestem, a forma como ficam paradas ou se movem, ou algo inexplicável sobre elas que provoca essa impressão?

Todos já ouvimos a frase: "Não existe segunda chance para deixar uma primeira impressão", e é verdade. As pessoas fazem julgamentos a seu respeito desde o momento em que a veem, e o fato de você ainda não as ter visto não significa que elas não a notaram. Não é necessário que você seja uma estrela, mas não fará mal algum se tiver algumas qualidades de estrela para que sua primeira impressão aja a seu favor. Isso significa que você precisa sair de casa sentindo-se bem consigo e com a forma como está vestida, e deve continuar assim enquanto estiver em público. Quando as pessoas a veem pela primeira vez, o que as faz reagir, até mesmo antes de você abrir a boca, são suas atitudes e suas roupas.

Uma primeira impressão começa com atitude

Alicia, Dennis e Naomi chegaram ao mesmo tempo a um evento de gala para arrecadação de fundos no Hotel Copley Plaza, em Boston. Os organizadores esperam pelo menos vinte celebridades, 500 convidados e o grupo habitual da mídia local.

Quando os três entraram no salão, sua linguagem corporal revelou três intensidades diferentes. Obviamente, Alicia está lá para se divertir. Ela está sorrindo, olhando ao seu redor e com uma boa postura. Ela parece espontânea e feliz, parece se divertir. Observa cuidadosamente as pessoas, reconhece uma amiga e de forma decidida se dirige a ela. Dennis, no entanto, olha ao seu redor de forma cética, como se preferisse estar em qualquer outro lugar, menos ali. Está com as mãos nos bolsos e, se você tivesse que adivinhar o que ele está pensando, provavelmente seria: "Que bando de palhaços. Quanto tempo ainda terei que ficar aqui?". Naomi entra com um sorriso forçado no rosto e para na entrada do salão. Seus ombros caem quando ela começa a se sentir desconcertada e logo começa a procurar o canto mais próximo para se esconder.

Observe que sempre uso a palavra *aparência*. É nisso que as primeiras impressões se baseiam: em aparências. Observe também como suas atitudes são aparentes quando eles entram na sala. Dezenas de pessoas os viram, mas somente uma, Alicia, atraiu a atenção e deixou uma boa impressão.

Você pode reconhecer a atitude de uma pessoa a meia quadra de distância.

Você pode reconhecer a atitude de uma pessoa a meia quadra de distância, de dentro de um trem, do outro lado de uma loja ou a partir do momento em que alguém entra em um lugar. Quando eu trabalhava como fotógrafo de moda, costumava reservar uma sexta-feira por mês para avaliar novos profissionais. Eu e minha equipe, e às vezes meus clientes, avaliávamos 30 ou 40 novos modelos, homens e mulheres. Cada um tinha aproximadamente cinco minutos para dizer algumas palavras e mostrar seu portfólio. A verdade é que nunca precisamos de cinco minutos. Cinco segundos eram suficientes. No momento em que a pessoa entrava na sala, sabíamos se ela tinha o que precisávamos. Quando discutíamos a sessão entre nós, no fim das contas não conversávamos tanto sobre as características individuais, mas sim sobre o humor ou comportamento do avaliado. "Jane era dinâmica." "Mark pareceu um pouco dramático." "Dana parecia perigosa." Nesse aspecto – das primeiras impressões –, você pode ser a pessoa mais maravilhosa do mundo, mas, se não tiver as atitudes corretas, não demonstrará que é a pessoa certa. Nós conseguíamos identificar uma atitude em um instante – todos podem, e todos fazem isso.

Atitudes do tipo "Oi" e atitudes do tipo "Tchau"

Existem duas classes distintas de atitude: as que atraem e as que repelem. Quando você vê alguém que está feliz, confiante e relaxado, provavelmente se sentirá atraída por essa pessoa. Essas são atitudes atrativas do tipo "Oi!". O contrário se aplica para pessoas arrogantes, melancólicas, tensas, nervosas ou deprimidas. Ninguém quer sair com pessoas melancólicas ou irritadas porque, cedo ou tarde, elas sugarão toda a sua energia. Essas pessoas têm atitudes do tipo "Tchau!". O segredo para se abrir é deixar seu lado melancólico de lado e conscientemente olhar as coisas pelo lado bom, pelo lado que dá acesso ilimitado às oportunidades.

Pensamentos e emoções: o ovo ou a galinha?

O que vem primeiro: seus pensamentos ou suas emoções? A pergunta sobre pensamentos e emoções é parecida ao enigma do ovo e da galinha. Não há um que veio primeiro: eles estão interligados. Isso significa que *os pensamentos afetam as emoções.* Uma área inteira da psicoterapia, chamada de terapia cognitiva, baseia-se nesse simples princípio e tem se mostrado eficaz ao lidar com a depressão, a baixa autoestima, os distúrbios alimentares e uma série de outros problemas. Portanto, mude seus pensamentos (ou seja, suas atitudes) e poderá mudar seus sentimentos.

Muitas pessoas cresceram acreditando que suas atitudes em relação à vida são, integralmente, uma reação ao que acontece com elas. Se estiver chovendo e elas estivessem esperando pelo sol, sua atitude é de aborrecimento. Se o café da manhã estiver frio, sua atitude é de irritação. Se um amigo não ligar como havia combinado, sua atitude é de ressentimento, e assim por diante. Elas acreditam que estão simplesmente reagindo ao que ocorre em sua vida.

Entretanto, na realidade, você quase sempre pode adotar uma perspectiva positiva. Conforme o dia passa e captamos o que está acontecendo ao nosso redor, conversamos inconscientemente com nós mesmos sobre o que vemos, ouvimos, sentimos, cheiramos e experimentamos. Para algumas pessoas, esse diálogo interior é fortalecedor porque as faz realmente ver as coisas pelo lado positivo ("Veja só, está chovendo. Isso é bom para o jardim."). Para outras, é uma autossabotagem ("Está chovendo. Isso é péssimo. Este será um dia ruim."). Uma vez que você esteja consciente de seu diálogo interior, poderá mudar a conversa. Quando se ouvir dizendo algo negativo, retome o foco e tente encontrar algo positivo, transforme: "Droga, meus sapatos estão ficando molhados" em "Eu amo o som da chuva na calçada".

A boa notícia sobre a atitude é que você pode ajustá-la a qualquer momento e sempre aprimorá-la. Você precisa apenas de prática. Pense em um momento em que você se sentiu bem. Talvez tenha sido quando realizou algo importante, como vencer uma corrida, fazer um bom discurso ou marcar um gol. Ou pode simplesmente ter sido uma época em que você estava curtindo a companhia de amigos ou da família, ou o pôr do sol em um dia de verão, ou quando realmente se sentiu bem consigo. Qualquer que seja o motivo, reviva-o em sua mente com o máximo de detalhes possível e, quando ele estiver claro o suficiente para que você possa alcançá-lo e tocá-lo, conecte-o em sua mente com uma palavra-gatilho, a fim de chamar esse sentimento novamente sempre que quiser. Muitos atores, personalidades da TV e modelos possuem palavras ou frases-gatilho para melhorar seu humor. Alguns dizem: "é hora de brilhar" quando entram no centro das atenções, e toda a sua atitude se modifica. Eles estão "ligados", é como se quase literalmente ligassem um botão de atitude inteligente e enérgica. Você pode fazer o mesmo. Mais adiante neste capítulo há um exercício que o ensinará a fazer isso de forma simples e fácil.

Atitudes são contagiosas

Você já notou que, quando está em um grupo, se alguém contar uma piada e uma pessoa começar a rir com vontade, os outros começam a rir também, ainda que a piada não tenha sido engraçada? O mesmo acontece com a tensão e a tristeza. Isso ocorre porque, como espécie, nós nos relacionamos com os sentimentos e as emoções das outras pessoas. Isso ajuda nossa adaptação e ajuste ao ambiente. Funciona assim: se eu sorrir para você, você se sentirá tentada a retribuir o sorriso. Da mesma maneira, se eu olhar com desprezo e depois desviar o olhar, provavelmente você responderá da mesma forma. Se eu suspirar, você sentirá meu suspiro. Se você rir, eu sentirei seu riso.

Atitudes são contagiosas. Elas são, de fato, grandes grupos de sentimentos projetados por meio da linguagem corporal, do tom de voz e das palavras que você escolhe. Quando está zangada, por um lado, você parece zangada, usa palavras que indicam esse sentimento e faz que as pessoas se sintam desconfortáveis. Por outro, quando está alegre, você parece alegre, usa palavras alegres e faz que as pessoas se sintam alegres. O mesmo se aplica a pessoas entusiasmadas, sensuais ou com qualquer outro tipo de temperamento.

Essa é a má notícia e ao mesmo tempo a boa notícia. A parte ruim é que a atitude infeliz de alguém pode fazer que todas as pessoas ao seu redor se sintam igualmente infelizes. Da mesma maneira, uma atitude alegre pode fazer que os outros se sintam felizes. Você pode aproveitar ao máximo esse aspecto contagiante e adaptar sua atitude para conduzir o comportamento *das outras pessoas*. Seja alegre e seu bom humor será transmitido aos demais.

Ações falam mais que palavras

Na comunicação cara a cara, primeiro damos credibilidade ao que vemos (dos gestos à linguagem corporal); em seguida, ao tom, à altura e ao volume da voz; e, por último, às coisas que são ditas. Isso foi comprovado cientificamente. Em 1967, o Dr. Albert Mehrabian, professor da Universidade da Califórnia, em Los Angeles, publicou um estudo embrionário sobre a comunicação cara a cara, denominado: *Decodificação da Comunicação Inconsistente*, o qual demonstrou que 55% daquilo a que reagimos é visual; 38% é auditivo, ou o puro som da comunicação; e apenas 7% envolve as palavras que usamos. A principal forma de nos conectarmos com outras pessoas, como o Dr. Mehrabian provou, é por meio de gestos físicos (postura, expressão facial, movimentos) e ritmos (velocidade da respiração, movimentos das mãos ou dos pés, aceno com a cabeça etc.).

Como adotar uma atitude

Sem a atitude correta, você não chegará muito longe na sedução de seu oposto compatível, ou de qualquer outra pessoa. Para alcançar os resultados que deseja, você deve pensar, andar, conversar e agir de forma que os melhores e mais atrativos aspectos de sua personalidade sejam revelados. Seu temperamento é divertido e aconchegante, sensual e confiante, relaxado e reconfortante? Certifique-se de que as pessoas saibam disso. Mas lembre-se de que seu corpo e sua mente fazem parte do mesmo sistema e, por isso, não é possível controlar um de forma independente do outro. Claro, você pode colocar um sorriso no rosto, mas não será tão natural, a menos que antes adote a atitude certa para ficar de bom humor.

Como adotar uma atitude do tipo "Oi!"? Não é como uma peça de roupa que você pode vestir e tirar quando quiser, certo? Na verdade, é sim! Daqui a pouco mostrarei como fazê-lo, mas, primeiro, quero que responda a estas cinco perguntas:

1. Onde está o leite em sua geladeira?
2. Sua música favorita tem ritmo lento ou acelerado?
3. Qual é a sensação de tocar a areia?
4. O pão quente tem um cheiro diferente do pão morno?
5. Você prefere o gosto de limão ou de laranja?

Para responder a essas perguntas, é preciso relembrar as informações que foram coletadas por seus sentidos no passado e armazenadas em outro lugar. Para localizar o leite em sua geladeira, você produziu uma imagem mental e o viu lá. Para determinar o ritmo de sua música, você tocou parte dela em sua mente. A areia escorreu por entre seus dedos, você projetou cheiros imaginários do pão e degustou mentalmente o limão e a laranja.

Psicólogos acreditam que nosso subconsciente não sabe a diferença entre algo real e algo imaginado de modo vívido – por exemplo, imaginar-se mordendo uma laranja e, de fato, salivar. Durante o próximo exercício, você reproduzirá seus sentidos. Não espere ver outdoors em 3D na mesma hora. No início, suas projeções serão tão boas quanto as que fez para localizar o leite na geladeira.

Ter boa postura, sentir-se incrível

Pesquisas demonstram que os atributos mais importantes que buscamos de forma subconsciente em um possível parceiro é uma boa saúde. Isso remonta aos nossos antepassados e ao desejo de ter muitos filhos: as mulheres queriam caçadores inteligentes e protetores fortes e os homens queriam companheiras capazes de gerar filhos saudáveis. Uma maneira de determinar a saúde de alguém é por meio de sua postura: alguém com boa postura aparenta ser saudável e forte, como se estivesse pronto para enfrentar o mundo. Sua postura demonstra sua saúde física e emocional e sua vitalidade, e faz isso em um instante.

Tenha uma boa postura e você se sentirá melhor emocionalmente. Mantenha a cabeça erguida e coloque seus ombros levemente para baixo e um pouco para trás e você se sentirá incrível. Assim como pensamentos e emoções exercem influência uns sobre os outros, o mesmo ocorre com o corpo e a mente. Quando você está triste, provavelmente fica com a postura curvada, a cabeça arqueada e a boca inclinada para baixo. Quando se sente feliz, anda com uma postura ereta, a cabeça erguida e um sorriso no rosto.

Mas o inverso também é verdade: atitudes físicas influenciam o humor! Você não consegue se sentir feliz enquanto está deprimida e com uma expressão carrancuda (experimente, é verdade!) e não consegue se sentir triste quando está dando saltos no ar e com um grande sorriso no rosto. Seu corpo não permite. Quando ajusta sua postura para que fique ereta e imponente, seu corpo produz sentimentos de autoconfiança, coragem e até mesmo de sensualidade. Deixe uma boa postura torná-la mais atraente.

Se quiser partir para algum trabalho de postura e equilíbrio mais avançado, faça aulas de dança. A dança traz diversos benefícios, pois você ganha força, graça e ritmo. A dança também faz maravilhas à sua postura, faz você entrar em contato com seu corpo, além de ajudar a aumentar sua confiança, dentro e fora da pista de dança.

Minha ótima primeira impressão

Qual atitude ou combinação de atitudes você gostaria de ter ao conhecer alguém?

Determinar isso é o primeiro passo em direção à sua concretização.

Complete as frases a seguir:

1. O que eu gostaria que as pessoas vissem em mim é ____
   ____.
2. A atitude ou combinação de atitudes correta para mim é ______________________________________.
3. Para pensar, andar, falar, agir e me conduzir de acordo com minha(s) atitude(s) escolhida(s), usarei a seguinte memória-gatilho ____________________________.

Olhe para você

Agora você já tem uma ótima atitude, uma boa postura e está quase pronta para sair e encontrar sua alma gêmea, certo? Devemos conferir apenas uma coisa antes que saia de casa: o que você está vestindo?

Se a primeira coisa que uma pessoa nota em você é a sua atitude, a segunda são as suas roupas. Na verdade, o impacto ocorre tão rapidamente que é como se fossem as duas coisas ao mesmo tempo, e assim as pessoas formam uma primeira impressão de você. O seu vestuário revela muito sobre você, pois diz aos demais que tipo de pessoa você se considera. Também pode revelar muito sobre sua situação socioeconômica: se você é convencional ou extravagante, sensual ou modesta, moderna ou tradicional. Dê uma boa olhada em seu armário e veja se ele corresponde ao que você deseja. Muitas pessoas são criaturas de hábitos e acabam vestindo as mesmas roupas de sempre, mas será que o visual adotado há 15 anos (ou mais) ainda é apropriado para você hoje?

Coco Chanel disse uma vez: "Vista-se mal e as pessoas notarão suas roupas; vista-se bem e as pessoas notarão você". Pergunte-se: o que eu quero que minhas roupas comuniquem aos demais? Existe algum aspecto da minha personalidade que quero enfatizar? Meu guarda-roupa atual dá conta do recado? Leve em conta suas características físicas e certifique-se de que a imagem que deseja criar funcione para elas.

Vestir roupas atraentes, com confiança, faz você se sentir diferente consigo e faz que as outras pessoas reajam a você de uma forma diferente.

Adquira o hábito de ter a melhor aparência possível quando for sair. Não estou falando de estar sempre maquiada e com o cabelo arrumado, ou vestindo roupas mais chiques. Pelo contrário, digo que você deve se vestir de forma que se sinta atraente, para que, caso encontre um velho amigo que não via há anos, sinta que está bonita. Nós deixamos primeiras impressões em todos os momentos, e você nunca sabe quem poderá encontrar.

Vestir roupas atraentes, com confiança, faz você se sentir diferente consigo e faz que as outras pessoas reajam a você de uma forma diferente. Como nos vestimos influencia nosso comportamento e nossas atitudes, que, por sua vez, influenciam outras pessoas. O aspecto principal em relação às roupas, assim como outras formas de vestimenta, é que, quanto melhor nos vestimos, mais seriamente as pessoas nos tratam. Dito isso, certifique-se de estar confortável com suas roupas e de que elas transmitam o que você é de verdade – da melhor maneira possível. Se adotar um visual que está na moda, mas que a deixa desconfortável, continue experimentando até conseguir o visual correto. Lembre-se de que as pessoas sentirão seu desconforto tão claramente quanto veem suas roupas.

Também tenha em mente que se vestir bem depende da situação e de quem você deseja seduzir.

Sete segredos para se vestir bem

Roupas são uma questão muito pessoal, por isso, não posso dar conselhos específicos que funcionem para todos. Assim, aqui estão sete segredos baseados no que aprendi durante meus anos de trabalho na indústria da moda e que a ajudarão a se vestir bem. Nada disso é novo, tudo já foi testado, é verdade e funciona. Acima de tudo, lembre-se da regra de ouro: vista-se de forma simples e sem muitos acessórios.

1. Vista roupas confortáveis

Muitas pessoas vestem roupas que não se ajustam corretamente: ou são grandes demais, ou pequenas demais, não têm o modelo correto, são curtas demais, ou compridas demais. Mas o ajuste faz toda a diferença. O objetivo é que suas roupas se ajustem sobre seu corpo e fiquem boas. Lembre-se de que o que importa não é o tamanho, mas sim o conforto. Caso você não tenha certeza de que suas roupas estejam boas, pergunte aos seus amigos. Se for às compras, peça ajuda ao vendedor. Uma jaqueta bem-feita e bem-ajustada é uma peça fundamental em qualquer guarda-roupa. Seja honesta consigo e, se precisar de ajuda, pergunte à sua costureira.

2. Acessórios fazem uma grande diferença

O acessório correto pode fazer você parecer ainda mais bonita. Se não puder gastar muito para comprar as roupas mais caras e de melhor qualidade, invista nos acessórios. Compre os melhores cintos, sapatos, bolsas ou cachecóis que puder bancar. Mas lembre-se: não exagere. Um ou dois acessórios escolhidos cuidadosamente podem dar um toque especial. Evite distrações superficiais. O mesmo serve para as joias. Para os homens, um relógio elegante é suficiente. Para as mulheres, escolha com cuidado um simples colar e brincos e você estará pronta. Se quiser usar mais acessórios, certifique-se de que todas as peças estejam em harmonia. No fim das contas, você vai querer ser lembrada por sua conversa, não pelo que está vestindo.

3. Certifique-se de que suas roupas não estejam fora de moda

A vantagem de seguir as tendências – estar na moda, antenada e moderna – também pode ser sua desvantagem. Quando suas roupas estão fora de moda, você está fora de moda. Portanto, se quiser se vestir de acordo com a moda atual (ou até mesmo com roupas clássicas informais), mantenha-se atualizada sobre as tendências do momento. Caso contrário, vista-se da forma mais tradicional ou invista em alguns clássicos, com suas peças "novas", para não precisar substituir seu guarda-roupa em todas as estações.

4. Vista uma roupa harmônica

Certifique-se de que suas roupas combinem, e não estou falando apenas em evitar combinar listras verdes e amarelas com pontinhos rosa e roxos. Certifique-se de que todos os seus estilos sejam compatíveis, que combinem entre si e que estejam na mesma sintonia do casual ou do formal. Os acessórios são importantes: um cinto ou um par de sapatos muito casual podem produzir um visual perfeito. A ideia é atrair, não seduzir. Se você não tem certeza de como é vista por outras pessoas, tire uma foto de si mesma e veja como está sua aparência. Ou, se estiver em dúvida quanto ao seu visual, peça ajuda. Você a receberá gratuitamente em qualquer loja de roupas que se preze.

Leia os sinais

Da mesma forma que suas roupas dizem muito sobre você, o que as outras pessoas vestem pode fornecer informações sobre elas. Aprenda a ler os sinais, vá além das avaliações imediatas que todos nós fazemos. Por exemplo, algumas pessoas se sentem melhor com certos tipos de roupa do que outras, depende muito da personalidade de cada pessoa. Pessoas dominantes e controladoras tentam buscar uma aparência mais personalizada; a personalidade analítica favorece o visual formal e conservador;

pessoas do tipo promotoras têm uma abordagem elegante e expressiva; enquanto homens e mulheres sólidos e apoiadores se sentem mais confortáveis com um visual casual.

5. Vista-se de acordo com a ocasião

Se tiver dificuldades para decidir o que vestir, é melhor estar um pouco mais elegante do que vestida inadequadamente para a situação. Quando estiver em dúvida, escolha um visual que possa incrementar ou deixar menos exagerado com acessórios. O melhor é determinar com antecedência quais são as roupas mais adequadas ao lugar aonde você está indo. Busque informações sobre o lugar – uma rápida olhada no site do local poderá ajudar bastante.

6. Certifique-se de que suas roupas estejam limpas

Isso parece óbvio, mas é importante. Realmente verifique se há alguma mancha e confira seus sapatos também, para garantir que estejam limpos e polidos.

7. Preste atenção em sua aparência

Certifique-se de que seu cabelo esteja bem-cuidado e que suas unhas estejam limpas. Cuide da higiene bucal – não há nada pior do que estar com mau-hálito ou com bafo de cigarro. Esteja limpa e cheirosa, mas não exagere no perfume ou, no caso dos homens, na loção pós-barba. Lembre-se: as mulheres geralmente têm um olfato melhor do que os homens.

Em busca do seu estilo

Se você acha que sua imagem ou estilo (ou falta de estilo) poderiam melhorar, fique de olho nos visuais que podem servi-la. Comece observando o que as pessoas ao seu redor estão vestindo e preste atenção, principalmente, nos estilos que lhe agradarem. Pesquise em catálogos e revistas de moda, vitrines e prateleiras de lojas de roupas. Comece a observar quais pessoas na rua chamam sua atenção: como elas estão vestidas? Compre algumas roupas em lojas que aceitem devoluções. Leve-as para casa, prove-as e depois devolva as que não tiver gostado.

O que as outras pessoas veem?

Reflita sobre sua aparência e sobre as roupas que você veste; depois pense na imagem e na atitude que você gostaria de projetar. Responda às perguntas a seguir para ajudar a determinar como sua aparência pode ajudar você a obter essa imagem.

1. Qual aspecto da minha personalidade eu quero enfatizar?
2. O que eu quero que minha aparência comunique às outras pessoas?
3. Quais mudanças devo realizar para conseguir isso?
4. Quais são os primeiros passos que devo tomar para atingir meu objetivo?

Escolha roupas com as quais você se sinta confortável, mas que realmente a favoreçam e projetem sua melhor imagem. Algumas pessoas se vestem para se misturar ou camuflar, isso não é um problema, mas você também pode adicionar um pouco de bom gosto, algo que expresse sua personalidade e faça você se sentir aventureira. Às vezes, um acessório interessante pode aumentar seu charme e também atrair conversas. Por exemplo, minha esposa sempre usa óculos de leitura pintados à mão e as pessoas sempre lhe perguntam sobre eles.

Se você não tem uma imagem sólida de si e sente que precisa de ajuda, contrate um consultor ou vá a uma boa loja (não precisa comprar nada), experimente algumas roupas e peça opiniões – várias. Muitas lojas de departamento sofisticadas oferecem compradores pessoais internos, ou seja, pessoas que estão lá para ajudar a encontrar o visual certo para você. Forneça-lhes algumas informações para que eles tenham uma ideia do tipo de pessoa que você é. O visual executivo pode fazer você parecer dinâmica na frente do espelho, mas, se você for uma criadora de ovelhas, o tiro acabará saindo pela culatra, pois esse visual não representa quem você é realmente.

O pacote completo

No mundo da publicidade, uma "impressão" é considerada uma única exposição a um produto. Publicitários pagam fortunas para colocar seus produtos no mercado, na esperança de que seus biscoitos com baixo teor de gordura, iPods com tela sensível ao toque ou batons de sabores irresistíveis armazenem muitas impressões favoráveis. Eles sabem que uma boa primeira impressão representa a diferença entre a compra ou a rejeição de seu produto por parte do consumidor.

Sua ótima primeira impressão, seu poder de estrela, não será determinada pelos comerciais de TV, propagandas chamativas ou depoimentos delirantes, mas sim por sua atitude, seu equilíbrio e suas roupas. Aprimorar e concentrar-se nesses aspectos importantes da sua imagem farão mais do que aumentar suas chances no mercado do amor, pois também melhorarão a maneira como você se sente em relação a si. Quando nos sentimos bem, tudo muda. Tomamos decisões melhores, nos sentimos mais aventureiros, ganhamos mais energia e aumentamos nosso entusiasmo natural, cujos impactos são os sinais não verbais que enviamos às outras pessoas. Estar no topo significa que os demais vão querer se juntar a nós.

Exercício 6

Entrando no clima

Escolha uma das seguintes atitudes: simpática, divertida, confiante ou curiosa.

Digamos que você tenha escolhido a atitude confiante. Agora feche os olhos e pense em um momento *específico* em que se sentiu mais confiante – totalmente no controle e sabendo exatamente o que fazer. Reviva o que você viu, ouviu, sentiu e talvez até o que experimentou naquele momento, com o máximo de detalhes possível.

Primeiro, assista ao desenrolar da cena como se fosse um filme. Olhe ao redor e veja com detalhes o que está acontecendo. Ouça todos os diferentes sons. Quando terminar de analisar o aspecto físico e sonoro, passe para a descrição visual. Em vez de assistir ao filme, agora você está nele. Observe o primeiro plano, o ponto intermediário e o plano de fundo. Deixe as cores brilhantes, nítidas e coloridas. Produza os sons detalhadamente, observe de onde eles vêm. Eles são desarmônicos ou melódicos? Se houver cheiros e sabores, traga-os também, para deixar a descrição o mais completa possível. Ela deve ser o mais real possível.

Agora, atenha-se às sensações físicas externas – a temperatura do ar, a sensação das suas roupas, seus pés, seus óculos, seu cinto. Explore e reviva todas as sensações externas que puder.

Também preste atenção em seus sentimentos internos. Concentre-se em sua confiança. Observe onde você a sente. Em sua barriga? Nos ombros? No peito? Sinta sua postura. Você está em uma posição ereta? Está com a cabeça erguida?

Aproprie-se desses sentimentos e estimule-os. Torne-os maiores, mais fortes, mais brilhantes e mais intensos, e duplique-os. Depois os duplique novamente.

Quando você estiver produzindo a imagem, grite a palavra: "Ótimo!" em sua mente três vezes. "Ótimo, ótimo, ótimo!" Depois mais uma vez: "Ótimo, ótimo, ótimo!". E pela terceira vez: "Ótimo, ótimo, ótimo!".

Quando estiver pronta, abra os olhos e aprecie a sensação. O exercício que você acabou de fazer é poderoso, mas também é muito simples. Você acabou de reviver em detalhes um momento em que se sentiu bem e, a partir de agora, quando disser: "Ótimo!" três vezes para si, poderá trazê-lo de volta à sua mente sempre que desejar. Antes de fechar os olhos e fazer esse exercício novamente, certifique-se de ter memorizado as quatro etapas:

1. Reproduzir o filme.
2. Ver, ouvir e sentir.
3. Estimular as sensações.
4. Gritar "Ótimo!" três vezes em sua mente.

Exercício 7

Exercício: Equilíbrio, Ritmo e Postura

Equilíbrio significa simplesmente se movimentar com confiança e graça. É autocontrole, e não arrogância, e está totalmente relacionado à postura e ao ritmo. É sensual e atraente, chama a atenção das pessoas e ajuda a estar no controle. Tudo isso começa com uma ótima postura. Separe alguns minutos para realizar essa atividade e depois a pratique regularmente. Antes que perceba, o equilíbrio fará uma parte de quem você é.

Pode parecer besteira, mas as escolas de modelos têm um exercício que utilizam há anos e fazem os garotos e as garotas praticarem desde o primeiro dia. É simples e funciona:

1. Coloque um dicionário sobre a cabeça.
2. Ande pela sala. Você deverá levar aproximadamente dez minutos para se acostumar com a posição e equilibrar o dicionário.
3. Entre e saia dos cômodos, abrindo e fechando as portas.
4. Ainda com o livro equilibrado na cabeça, suba e desça escadas.
5. Sente-se, conte até cinco e levante-se. Vá até outra cadeira e repita.
6. Durante cada etapa, pare, feche os olhos e concentre-se em sua postura: como ela está, como estão seus ombros, seu quadril, seus pés. Observe se seu ritmo está calmo e se sua postura, em geral, está elegante.
7. Agora o momento final para passar na prova: beba uma xícara de chá ou de café, ainda com o dicionário na cabeça, e prometa-se que a partir desse momento, sempre que vir, beber ou pensar em chá ou café, imaginará aquele livro enorme sobre a cabeça e ajeitará sua postura e, consequentemente, seu ritmo.

Deixando o dicionário de lado, experimente andar com graça e ritmo em todos os momentos – ao passear com o cachorro, presa em um engarrafamento, ao esperar em uma fila ou ao assistir à TV. Observe outras pessoas que andam com graça e ritmo e reflita sobre como elas parecem belas.

Capítulo 6

Oi, como você está, tudo bem?

Estudos realizados pela Faculdade de Ciências da Saúde de Harvard, e por diversas outras notáveis instituições, demonstram que nós decidimos se gostamos ou não de uma pessoa durante os *primeiros dois segundos* em que a conhecemos. Fazemos avaliações inconscientes de seus sinais não verbais com base em nossa segurança emocional e física: "Sinto-me/ não me sinto segura com você" ou "Confio/ não confio em você". Essas avaliações nos levam a fazer julgamentos rápidos – certos ou errados – das pessoas que encontramos. Quando gostamos delas, costumamos ver o melhor nelas; quando não gostamos, veremos o pior.

Como alguns comportamentos fazem as pessoas se sentirem confortáveis e outros as colocam na defensiva, é possível medir o controle de como as pessoas reagem a você naqueles primeiros breves momentos. Pessoas charmosas olham nos olhos ao conhecer alguém pela primeira vez; pessoas alarmantes evitam contato visual ou olham tão rapidamente que parecem inquietas ou nervosas, e deixam todos desconfortáveis. Pessoas charmosas sorriem quando encontram alguém; pessoas alarmantes têm uma expressão séria ou preocupada que provoca um tom perturbador. Pessoas charmosas possuem uma linguagem corporal aberta que é um convite à aproximação; pessoas alarmantes possuem uma linguagem corporal fechada que diz: "Saia daqui, eu tenho coisas melhores para fazer".

Use a linguagem corporal para inspirar confiança

Vou descrever uma cena que aconteceu no inverno passado, na estação de esqui que eu frequento. Os participantes eram Michelle, amiga da minha filha mais nova, e Brad, esquiador regular na estação. Michelle trabalhava na loja da estação e Brad, cliente frequente, se sentiu atraído por ela e tinha certeza de que ela também estava de olho nele. Ele queria se aproximar dela e, para isso, teve a ideia de se inscrever em um curso introdutório de *snowboarding*, que é um tipo de *surf* na neve. Vamos observar a linguagem corporal dos dois enquanto descrevemos a cena.

Brad se senta de frente para Michelle na mesa de inscrição, que, na verdade, é uma mesa redonda pequena com algumas cadeiras. Enquanto Michelle organiza os papéis, Brad coloca os braços em volta dos ombros, morde o lábio um pouco, passa a língua no lábio inferior e olha para o chão, ocasionalmente olhando de relance para Michelle.

Michelle organiza seus papéis e olha para Brad de forma direta e aberta, com os cotovelos sobre os braços da cadeira, os antebraços levemente repousados e descruzados sobre a mesa. Ela olha Brad nos olhos e sorri enquanto explica o pacote do curso de *snowboarding*, faz algumas perguntas e anota as respostas. Brad cruza os braços na frente do peito. Seus olhos passeiam pela sala, raramente encontram os de Michelle.

Enquanto ela continua explicando os detalhes, Brad coloca seu cotovelo direito sobre a mesa e gira o corpo um pouco para a direita, em oposição a Michelle. Ele olha para ela de relance e frequentemente desvia o olhar. Ela instintivamente gira seu corpo na mesma direção de Brad e, em um movimento bastante natural, coloca seu cotovelo esquerdo sobre a mesa. Eles são quase imagens refletidas em um espelho.

Brad parece relaxar e começa a prestar mais atenção em Michelle. Depois de alguns minutos, Michelle se acomoda em sua cadeira e encara Brad de uma forma direta. Ele faz o mesmo, mas coloca a mão direita debaixo de sua axila e cobre a boca com a mão esquerda. Ainda assim, agora ele olha para ela abertamente e sorri um pouco. Alguns minutos depois, Michelle imita a posição do braço e da mão de Brad e depois se inclina para a frente e diz, de forma clara, calma e entusiástica: "O curso começa no próximo sábado às nove". Ela descruza os braços e os repousa novamente sobre a mesa. Brad faz o mesmo, sorri e pergunta: "Depois de todos estes anos esquiando, você acha que conseguirei manejar uma prancha na neve?".

Eles se olham e sorriem. "Claro que sim," Michelle diz, "e eu acho que você vai se divertir muito."

O QUE ACONTECEU?

Muita coisa aconteceu nessa curta cena e vamos tratar de alguns pontos com mais detalhes em outro capítulo, mas basicamente Brad começou de forma alarmante, utilizando uma linguagem corporal fechada. Michelle foi charmosa e utilizou uma linguagem corporal aberta. Finalmente sua abertura desarmou Brad, fazendo-o relaxar. Michelle utilizou os três principais comportamentos que são essenciais quando se encontra um potencial par ou, igualmente, qualquer pessoa com a qual você quer ter um relacionamento produtivo:

1. Olhe a pessoa nos olhos.
2. Sorria.
3. Abra sua linguagem corporal (falaremos mais sobre esse tema a seguir).

Vamos observar esses comportamentos individualmente.

Janelas para a alma

Como você se sente quando entra em uma loja ou em um banco e o funcionário nem olha para você? Ou quando conhece alguém e a pessoa não percebe você e olha por cima do seu ombro? A resposta é simples: você se sente desconfortável e provavelmente forma uma impressão negativa da pessoa. Isso acontece porque, quando não há contato visual, falta confiança e respeito.

Adquira o hábito de observar a cor dos olhos das pessoas quando as conhecer.

Nascemos para fazer contato visual; essa é a base de todas as habilidades sociais. De acordo com uma nova pesquisa realizada pela Dra. Teresa Farroni, do Centro de Desenvolvimento Cerebral e Cognitivo na Faculdade de Birkbeck, na Inglaterra, bebês com apenas dois dias de vida podem detectar quando alguém está olhando diretamente para eles. Além disso, quando eles completam quatro meses de vida, demonstram sensivelmente maior interesse nos rostos que apresentam um olhar direto do que naqueles que olham para outro lado. O contato visual ajuda a estabelecer uma ligação humana e desenvolve as habilidades sociais, além de ser absolutamente essencial para construir relacionamentos. Brad não conseguiu olhar para Michelle até se sentir confortável e isso limitou sua autoconfiança e sua habilidade de adquirir confiança e respeito. Michelle tentou fazer contato visual com Brad imediatamente e isso melhorou significativamente sua habilidade de se conectar.

O contato visual é um contato íntimo e, quando usado da forma adequada, pode criar uma imensa sintonia e intimidade sexual. A forma mais fácil de aprender a fazer contato visual de forma consistente é adquirir o hábito de observar a cor dos olhos das pessoas quando as conhecer. A cor em si não é importante, mas esse é um bom artifício para criar um novo hábito. Pratique na loja, no trabalho e na próxima vez que for a um restaurante. Pratique com todas as pessoas que você conhece até que se torne algo natural. Lembre-se, você nasceu para fazer contato visual.

Sorria e o mundo sorrirá com você

Nada diz: "Estou notando você" como o contato visual, e nada diz: "Estou feliz e confiante" como um sorriso. Um sorriso é sempre bom e ajuda a mostrar uma expressão melhor (literalmente!) ao mundo e, além disso, atua como um bombeamento para a serotonina neurotransmissora.

Quando você sorri, contrai aproximadamente 14 músculos nos cantos da boca e ouvidos, o que faz que uma mensagem elétrica seja enviada ao seu cérebro, estimulando a liberação de serotonina e causando uma sensação de bem-estar. Vá em frente, experimente. Você se sentirá mais atraente, capaz e satisfeita.

Como bônus, um sorriso, assim como uma atitude, é contagiante: quando você sorri para alguém, certamente a pessoa sorrirá também e sentirá uma ótima injeção de serotonina animando seu sistema. Você acabou de fazer alguém se sentir bem. Não foi fácil?

Sei que parece algo básico, mas adquira o hábito de olhar as pessoas nos olhos e de sorrir para elas. Isso constrói pontes. Você conseguirá um serviço melhor, fará melhores amigos, se sentirá melhor consigo e se tornará mais atraente para potenciais pares.

Você se lembra de como mentalmente gritou a palavra "Ótimo!" três vezes seguidas no último capítulo? Agora diga em voz alta. Ao fazer isso, você será obrigada a contrair aqueles mesmos músculos do sorriso em volta do seu maxilar, o que fará a serotonina fluir. É um truque que eu aprendi quando trabalhava como fotógrafo de moda. Muitas modelos repetem essa palavra várias vezes para si, com convicção, quando necessitam dar um sorriso que pareça autêntico. Funciona. Portanto, da próxima vez que você encontrar alguém, diga "Ótimo!" bem baixinho, três vezes, quando estiver se aproximando da pessoa. No momento em que chegar lá, estará sorrindo e se sentindo maravilhosa. Um aviso: pessoas que sorriem demais ou fazem muito contato visual são assustadoras e confusas. Não exagere.

O amplo vocabulário da linguagem corporal

Michelle e Brad, da loja de esqui, são retratos dos dois extremos da linguagem corporal: linguagem aberta e fechada. Michelle foi aberta: seus gestos não verbais sinalizaram cooperação, acordo, disposição, entusiasmo e aprovação. A linguagem corporal aberta diz: "Estou confortável com você". A linguagem corporal de Brad foi fechada e seu nervosismo se mostrou em seus gestos defensivos inconscientes. Seu corpo sinalizou resistência, frustração, ansiedade, teimosia, nervosismo e impaciência, independentemente do que ele possa realmente ter sentido no momento. A linguagem corporal fechada diz: “Estou desconfortável com você”.

Linguagem corporal aberta

A forma mais simples de pensar em uma linguagem corporal aberta e fechada é a imagem de que a linguagem corporal aberta expõe seu coração (isto é, a área do seu peito e do seu rosto) e é acolhedora. Ela demonstra confiança e diz: “Sim!”. A linguagem corporal fechada defende seu coração e, como você viu com Brad, pode fazer você parecer hostil, infeliz, irritada ou distante, independentemente de seus verdadeiros sentimentos. A linguagem corporal fechada diz: “Não!”.

Bebês são um ótimo exemplo de linguagem corporal aberta e fechada. Quando eles estão confortáveis, deitam-se de costas com uma linguagem corporal bem aberta. Quando estão desconfortáveis, eles se fecham.

Se você quiser mostrar a alguém que é charmosa e não alarmante, deve se abrir sem pensar muito e antes de sequer dizer alguma coisa. Provavelmente a atitude que você escolher fará isso de qualquer forma. Atitudes do tipo “Oi!” são abertas, assim como a atitude acolhedora de Michelle. A linguagem corporal aberta inclui:

- manter braços e pernas descruzados;
- olhar para a pessoa com uma atitude física confortável;
- manter uma boa postura;
- inclinar-se levemente para a frente, em direção à pessoa;
- manter as mãos abertas;
- manter os ombros relaxados;
- manter os movimentos lentos e relaxados;
- manter uma aura geralmente confortável.

Nenhum gesto é uma ilha

Gestos individuais são o vocabulário da linguagem corporal, assim como as palavras desta página são o vocabulário do livro. Da mesma forma, gestos individuais não carregam mais significado do que uma única palavra nesta página, quando isolada; somente quando você os combina com outros gestos e com uma determinada atitude é que começa a contar uma história. Além disso, um gesto fechado, como quando Brad colocou os braços em volta de seus ombros, poderia ter sido neutralizado se ele estivesse de frente para Michelle, olhando em seus olhos e sorrindo. Às vezes a linguagem corporal conta uma história diferente da que imaginamos: alguém cujos ombros estão tensos pode estar sentindo dor, e alguém que está de braços cruzados pode simplesmente estar sentindo frio.

Gestos abertos são calmos e deliberados. São feitos para serem vistos. Quando combinada com expressões faciais abertas (bom contato visual e um sorriso), a linguagem corporal aberta sinaliza confiança, felicidade, aceitação e conforto, e envia uma mensagem de que as coisas estão indo bem.

Você pode melhorar seus sinais abertos por meio de suas roupas. Imagine passar meia hora em uma lanchonete tomando café com uma pessoa que não desabotoa o casaco. Um casaco ou uma jaqueta aberta (ou a própria remoção dessa vestimenta) expõe o coração, literal e simbolicamente, e mostra que você está relaxada.

Linguagem corporal aberta e gestos positivos chegam às pessoas, pois são a versão subconsciente de um bom abraço ou de uma conversa de coração para coração.

Atitude generosa e de coração para coração

A forma mais fácil e mais rápida de demonstrar uma linguagem corporal aberta e sinalizar generosidade é ficar de frente para a pessoa

– literalmente, coração com coração. Pense nisso como se houvesse um refletor de luz no meio do seu peito, brilhando na outra pessoa.

Também é uma boa ideia deixar a pessoa ver que você não está escondendo nada em suas mãos – essa é uma preocupação instintiva que tem nos acompanhado desde os tempos dos homens das cavernas. Para deixar a pessoa confortável, posicione suas mãos de forma que ela possa vê-las.

Linguagem corporal fechada

Se a linguagem corporal aberta é como um abraço aconchegante, a linguagem corporal fechada é como ser menosprezada. Ela é defensiva e afasta as pessoas. Gestos fechados incluem:

- evitar o contato visual;
- cruzar os braços e/ou as pernas;
- fechar os punhos;
- girar o corpo em um ângulo em relação à outra pessoa;
- movimentar-se constantemente;
- cobrir a boca;
- mover-se de forma rígida ou brusca;
- manter uma aura geralmente desconfortável;
- usar óculos escuros.

Adquira o hábito de abrir sua linguagem corporal quando encontrar pessoas. Olhe para elas, observe a cor dos seus olhos (para se certificar de que esteja fazendo contato visual), sorria e faça seu coração brilhar para elas. Você ficará surpresa com a confiança que esses simples gestos inspirarão.

O próximo passo: conversar!

Muito bem, todos os sinais não verbais estão alinhados: sua atitude está ótima, você está vestida de uma forma que a faz sentir-se bem e parecer bem, e sua linguagem corporal está aberta. Agora chegou o momento de conversar.

Sem dúvida, a forma mais fácil de conhecer alguém é ser formalmente apresentada. Depois, a única coisa que você precisa fazer é estender a mão e dizer "Janet, é um prazer conhecer você". Quem sabe apresentar duas pessoas normalmente diz algo que ajuda a iniciar uma conversa, como "Angie, este é Barry, nós vamos juntos ao trabalho todos os dias. Barry, esta é Angie. Ela é minha vizinha". Essa apresentação fornece algumas informações com as quais se pode iniciar uma conversa, é como usar gravetos para fazer uma fogueira. Agora Angie pode dizer a Barry algo simples, como: "Então você trabalha no centro da cidade?" ou algo mais divertido, como: "Vocês dois vão juntos para o trabalho? Quem escolhe as músicas para ouvir no carro?". Se Barry iniciar a conversa, pode simplesmente perguntar há quanto tempo Angie mora naquela região ou fazer uma brincadeira descontraída sobre as habilidades de seu anfitrião como vizinho. Analisemos outra apresentação para ver em mais detalhes como isso funciona.

Aproveite ao máximo os primeiros momentos

Tom, um amigo mútuo, apresenta Karen e Patrick um ao outro quando os dois apareceram em sua imobiliária uma manhã cedo. Tom é uma pessoa sociável e sabe fazer apresentações, portanto a conversa começa a fluir.

– Não sei se vocês já se conhecem – ele diz. – Karen, este é meu amigo Patrick. Jogamos tênis juntos e normalmente eu o deixo ganhar! Patrick, esta é minha querida amiga Karen. Nós nos conhecemos em um fim de semana. Deve fazer cinco anos pelo menos que você se mudou daqui para viver uma vida melhor, não é?

– Mais ou menos isso – ela responde. Depois Karen gira o corpo para ficar de frente para Patrick, faz contato visual, sorri e estende a mão. – Oi, Patrick, é um prazer conhecer você.

Patrick olha Karen nos olhos, sorri, aperta sua mão (nem com muita nem pouca força) e diz:

– Que ótima forma de começar o dia!

Karen sorri:

– Obrigada. Você é charmoso assim na quadra de tênis?

– Tenho que fazer uma ligação rápida – Tom diz. – Por que vocês dois não tomam um café? Foi feito agora mesmo. Eu já volto.

– Muita coisa pode acontecer em cinco anos – Patrick observa, enquanto eles se dirigem à garrafa de café. – Para onde você fugiu? – Seu tom é cortês, charmoso e interessado, ele está prestando atenção. – Espero que esteja se divertindo.

– Na maior parte do tempo. Ficar de plantão doze horas por dia lidando com pessoas bastante rabugentas pode não ser a definição de diversão para muitas pessoas, mas eu amo meu trabalho.

– Café? – Patrick pergunta.

– Sim, por favor. Puro.

– Deixe-me adivinhar. Você é médica e está trabalhando com a Cruz Vermelha.

– Você é engraçado. – Karen está sorrindo e sente-se relaxada. – Não, não estou. – Ela ri. – E você? Imagino que esteja no ramo imobiliário.

Patrick balança a cabeça:

– Não, pelo menos não da forma como você provavelmente está pensando.

– Você é jogador profissional de tênis?

– Isso seria fantástico! – Patrick ri. – Mas, agora que você mencionou, qual jogo estamos jogando aqui?

– Não sei – Karen diz, timidamente, olhando para Patrick enquanto toma o café –, mas é divertido.

Você já deve ter escutado a expressão "A cavalo dado não se olham os dentes". Em português bem claro, significa que devemos aproveitar ao máximo as oportunidades. Karen e Patrick tiveram sorte porque, quando Tom os apresentou, ele possibilitou temas sobre os quais eles puderam trabalhar e ambos estavam prestando atenção suficiente para utilizar as informações para falar com perspicácia e dar um tom divertido à conversa. Eles também usaram a linguagem corporal, expressões faciais, risos, atenção e jovialidade para transformar a faísca de uma apresentação na chama de uma conversa.

Tanto Patrick quanto Karen estavam dispostos a aproveitar ao máximo seus primeiros momentos. Karen demonstrou uma atitude "nunca se sabe" e escolheu uma postura atraente, divertida e charmosa, aproveitando a apresentação e causando uma ótima primeira impressão. Patrick também fez tudo certo: manteve o tom otimista e positivo de Tom e depois transformou seus primeiros momentos juntos em um jogo ao brincar com a observação sobre a ausência de cinco anos de Karen, o que introduziu um ar de mistério. Ele poderia ter colocado todas as cartas na mesa e dito: "Tenho minha própria empresa de paisagismos e estou aqui porque Tom vai me apresentar a um novo cliente. O que você faz?". E Karen poderia ter dito que é piloto de helicóptero e que estava ali para uma entrevista de trabalho como piloto de helicóptero de tráfego para a empresa de televisão local. No entanto, ambos decidiram ter uma conversa divertida em vez de uma conversa geral e isso os tornou atraentes um para o outro.

Elogios só funcionam quando são sinceros e não fabricados para o momento.

Frase inicial

E se Tom, com suas habilidades sociais, não tivesse ajudado Patrick e Karen a iniciar uma conversa? E se o telefone tivesse tocado e ele tivesse que atender a ligação, deixando os dois sabendo apenas o nome um do outro? Nesse tipo de situação, há três tipos de iniciadores que eles poderiam ter usado para entrar em sintonia de forma rápida e suave: uma afirmação ("Este escritório é tão iluminado, eu adoro o sol da manhã"); uma pergunta ("O que traz você aqui esta manhã?"); ou um elogio *sincero* e *agradável*. Eles poderiam até tentar uma mistura de todos os três.

Elogios são os mais arriscados, porque são pessoais e podem facilmente parecer oportunistas ou aduladores. Se Karen e Patrick tivessem cada um uma câmera em volta do pescoço, não haveria problema em dizer algo como "Nossa, é uma lente Tessar 2.8? É maravilhosa". Mas eles são um homem e uma mulher no escritório de um agente imobiliário; portanto, a menos que Patrick pudesse genuinamente dizer algo como:

"Esta é uma flor de verdade na sua lapela, não é? É muito charmosa", é melhor ele escolher outro rumo para a conversa. Elogios funcionam apenas quando são sinceros e não fabricados para o momento e, a menos que você seja especialista em fazer elogios, correrá o risco de demonstrar muita intimidade rápido demais.

Uma afirmação seguida de uma pergunta aberta sempre é uma escolha segura e uma ótima forma de iniciar uma conversa. Você não precisa se preocupar com frases iniciais muito enfeitadas – elas não valem a pena. O objetivo de uma frase inicial é ver se a pessoa está interessada em conversar com você – é um convite para iniciar uma conversa. Comece com uma afirmação (pode ser sobre esportes, sobre o tempo, a ocasião ou o ambiente) e adicione uma pergunta declarativa (não é? não parece? você não acha? etc.). "Está um pouco frio hoje, não?" A pessoa reconhecerá essa frase como um iniciador de conversa e responderá, principalmente se parecer que você está esperando uma resposta. A forma como ela responder dará uma ideia de sua disposição para continuar a conversa. No geral, quanto maior e mais aberta a resposta, melhor. Depois, dependendo do grau da resposta, siga com uma pergunta aberta: "De onde você conhece Jack?".

Inventando formas de se apresentar

Se um estranho em uma sala cheia de gente atrair sua atenção, peça ao anfitrião ou a um amigo ou conhecido em comum para apresentar vocês. Mas não deixe as coisas nas mãos do acaso. Prepare seu próprio comercial de dez segundos com antecedência, e oriente seu amigo sobre o que dizer – seu nome, talvez de onde você é e o que você faz profissionalmente, ou qualquer outra coisa interessante sobre você, tudo colocado de uma forma interessante. Sairá muito melhor do que "Heather, este é Jim. Ele ficou ensopado no caminho até aqui, não foi, Jim?".

Também é importante seguir aquela velha regra: dois é bom, três é demais. Peça ao seu anfitrião que apresente vocês, diga algumas coisas interessantes sobre você e depois saia. "Heather, este é Jim. Ele mora em Seattle e produz filmes." Você quer que a terceira pessoa fique fora do caminho, para que a conversa não se transforme em duas pessoas falando e uma pessoa escutando, pois essa é uma dinâmica ruim para estabelecer uma conexão, independentemente de quem fala e quem escuta.

Se quiser realmente impressionar, peça ao seu anfitrião que conte duas ou três coisas interessantes sobre a pessoa que você quer conhecer antes de ser apresentada. Depois, quando houver uma conexão, você pode dizer: "Bob me contou que você passou o último mês em um retiro budista. Como foi? O que inspirou você a fazer isso?". Essa estratégia o coloca em uma relação mais pessoal mais rapidamente.

Não acredite apenas no que estou dizendo. Passe algum tempo analisando como os profissionais fazem isso na televisão. Assista Oprah, Larry King, Barbara Walters ou Jô Soares. Eles iniciarão com uma citação ou uma notícia da imprensa ou uma referência a algum escândalo para obter informações (não apenas uma resposta afirmativa ou nenhuma resposta).

Uma dica: use o nome da pessoa nos primeiros minutos depois de conhecê-la. Essa estratégia tem um efeito mágico. Afinal, o nome de uma pessoa é provavelmente a palavra mais importante do mundo para ela. Mas faça isso sutilmente – você não vai querer parecer um vendedor barato.

Informações livres

Independentemente de ser apresentada a alguém por outra pessoa ou de se apresentar sozinha, quanto mais informações você tiver sobre a pessoa, mais fácil será conhecê-la.

Além de prestar atenção e ouvir atentamente, você também pode encorajar as pessoas a fornecerem informações livres durante uma apresentação. Por exemplo, se Clyde abordar uma mulher que ele não conhece em uma situação social segura e disser: "Oi", há uma forte probabilidade de que ela diga "Oi!" ou algo semelhante como resposta. Mas e se Clyde adicionar alguma informação extra a fim de convidar a mulher para a conversa? Poderia ser algo fácil, como seu nome: "Oi, eu me chamo Clyde", ou algo mais substancial: "Oi, eu sou Clyde Barrow, de Teleco, Texas. Esta é a primeira vez que venho aqui". Agora é a vez de Bonnie e ela pode responder com suas próprias informações ou Clyde pode dar um empurrãozinho, dizendo algumas palavras: "E você é...?" e/ou com um olhar inquisitivo ou outra linguagem corporal.

Uma conversa é como um jogo de tênis. Se você jogar a bola na quadra da outra pessoa, normalmente ela terá que devolver a bola e fará isso de forma natural. Se ela não fizer isso, você pode encorajá-la. O importante é que encorajou a pessoa a responder. Agora só precisa esperar a bola voltar para a sua quadra. Você pode receber informações que podem ser usadas para progredir sua conversa, saindo de assuntos gerais para algo mais substancial.

Capítulo 7

Abordando estranhos

O ambiente no qual você vê alguém pode ter um impacto significativo tanto na forma como vocês veem um ao outro quanto em como você decide se aproximar da pessoa. No mundo ideal, sempre haveria alguém disponível para apresentá-los e um espaço confortável e familiar, onde vocês pudessem interagir – uma festa, um jantar, uma reunião em um clube ou uma aula, por exemplo. Pesquisadores chamam esses ambientes de *campos fechados*, onde todos têm a oportunidade de conhecer pessoas e esperam fazê-lo. Conhecer pessoas dessa maneira, sendo apresentados por um conhecido em comum em um local fechado e confortável, aumenta as probabilidades de que vocês compartilhem seus interesses, valores e gostos, e também possibilita um assunto para iniciar a conversa, mesmo que seja algo simples, do tipo: "Como você conheceu Rob?" ou "Como você se envolveu com esse clube?".

Algumas vezes, entretanto, você verá alguém que gostaria de conhecer em um *campo aberto* público, como um aeroporto, shopping, supermercado ou trem. Para a maioria de nós, essa pode ser uma situação intimidante. Afinal, desde quando éramos pequenos nossos pais nos diziam para nunca falar com estranhos, e, só de pensar em fazer isso, ficamos paralisados. No entanto, vamos criar uma nova regra: apesar de "não conversar com estranhos" ser um bom lema para crianças, não faz sentido para os adultos e, na verdade, é contraproducente. A capacidade de se aproximar de pessoas de uma forma relaxada e confortável é uma habilidade valiosa que pode ser útil em todos os aspectos da nossa vida, seja quando você precisa de um amigo, de um trabalho, de um ombro no qual chorar ou alguém com quem possa fazer um cruzeiro.

Independentemente da situação, existem duas maneiras para se aproximar de estranhos pelos quais você se sente atraída: a abordagem direta e a abordagem indireta.

A abordagem direta

Muitos de nós passamos a vida esperando que de alguma forma as pessoas adivinhem nossos desejos e os realizem, sem que tenhamos de fazer nada. Às vezes, até nos sentimos decepcionados ou rejeitados quando as pessoas *não* leem nossa mente e não nos dão o que queremos. No entanto, a melhor maneira de conseguir o que se quer é simplesmente pedir. Em vez de apenas observar aquele rapaz do outro lado da sala e desejar que ele também repare em você, está na hora de agir, de ir até lá e demonstrar seu interesse.

Para muitas pessoas, isso é assustador. A menos que você seja uma estrela de cinema, uma modelo, uma mulher solteira extremamente rica, é preciso muita coragem para se aproximar de um estranho e começar a conversar. Mas existem momentos em que, ou você entra em ação, ou nunca mais verá essa pessoa novamente. Também pode acontecer de a intensidade dos seus sentimentos se sobrepor e obrigar você a agir – como foi o caso de um homem que eu conheci, chamado Ryan.

Muitos de nós passamos a vida esperando que de alguma forma as pessoas adivinhem nossos desejos e os realizem, sem que tenhamos de fazer nada.

Importador de equipamentos pesados, Ryan estava na Holanda a negócios, viajando em um trem com metade da capacidade ocupada, de

Amsterdam a Hague. Sentadas do outro lado do corredor, próximas a ele, estavam duas mulheres muito bem-vestidas, de quase trinta anos de idade, aproximadamente a idade de Ryan. Elas estavam conversando em inglês e Ryan não pôde evitar ouvir por acaso sua conversa. Uma delas, a americana, mencionou que era jornalista em Hague e que representava diversas publicações internacionais. A outra, uma jovem indiana vestida como executiva e com um sotaque britânico bastante correto, misturado com um pouco da pronúncia indiana, trabalhava para uma companhia de navegação britânica. Ryan me disse que a beleza da mulher indiana o hipnotizou. Ele sentiu, sem nenhuma sombra de dúvida, que ela era seu tipo. "Ela falava lentamente, escolhendo as palavras cuidadosamente e com precisão. Estava vestida de forma impecável, um pouco formal, mas extremamente elegante."

Havia apenas duas paradas no expresso interurbano e, pelo que havia escutado, Ryan sabia que ele desceria do trem antes das duas mulheres. Ele se sentiu tão atraído por essa mulher que decidiu fazer algo a respeito. Ele me contou que não se sentiu inibido, pois era simplesmente algo que ele tinha de fazer. Sem se permitir desistir, ele foi até o final do corredor e, usando a linguagem corporal – um sorriso, contato visual e uma voz tranquila e confiante –, dirigiu-se à jornalista:

– Oi, com licença. – Depois olhou para a outra mulher e, usando um gesto do tipo "você e eu" (*gentilmente se* movendo para a frente e para trás entre ele e ela), disse: – Olá. Você se importa se eu disser algo pessoal?

– Não sei – a mulher respondeu.

– É que eu estive passeando pelo trem durante os últimos trinta minutos e, como vocês duas estavam concentradas na conversa, não pude deixar de ouvi-las. – Ele fez uma pausa para criar uma tensão. – Queria apenas dizer que você tem a voz mais bonita que eu já ouvi.

Ela foi cortês e pareceu aliviada.

– Obrigada – ela disse.

– Achei sua voz muito atraente. – Ryan fez uma pausa para que ela respondesse, mas, como ele esperava, isso não aconteceu. – Eu estava imaginando o que você diria se eu a convidasse para almoçar? – ele perguntou, balançando um pouco a cabeça, como se estivesse dizendo sim.

– Acho que não, mas estou muito lisonjeada – a mulher respondeu. Sua oportunidade estava se dissolvendo. A mulher parecia estar sinceramente se divertindo com a cantada de Ryan, mas balançou a cabeça e disse: – Não.

– Vamos fazer o seguinte – disse Ryan –, aqui está meu cartão. Vou voltar para Nova York na quarta-feira. Dê uma olhada no meu site e você verá que eu não mordo. Pense sobre isso e, quando for conveniente, me ligue. Se mudar de ideia, ou se quiser, pode me enviar um e-mail hoje à noite. Talvez possamos marcar um almoço para amanhã. A decisão é sua. – Ainda olhando-a nos olhos, ele sorriu e depois olhou para a jornalista americana e disse: – Obrigado.

Depois Ryan olhou novamente para a mulher com a voz encantadora e sussurrou: "Tchau", levantou-se, passou pela porta do vagão e desceu do trem em sua parada.

Seu nome era Shantha. Ela ligou para ele na manhã seguinte e eles se encontraram para almoçar perto da esquina do Royal Palace, em Hague. "Ela me fez sentir como se eu pudesse conquistar o mundo", Ryan contou depois aos seus amigos. "Ele me fez sentir a pessoa mais inteligente que ele já havia conhecido", Shantha contou a sua amiga jornalista americana, quando ligou para ela para contar todos os detalhes.

Ryan e Shantha colocaram um ponto final em seu relacionamento a distância 18 meses depois, quando se casaram e se mudaram para o sul da Inglaterra.

Abordagem direta em ação

Em 1989, o *Jornal de Psicologia e Sexualidade Humana* publicou os resultados de um estudo realizado pelos Drs. Russell Clark e Elaine Hatfield, chamado: "Diferenças de Gênero na Receptividade a Convites Sexuais". Os pesquisadores usaram assistentes de pesquisa do sexo feminino e masculino, que se passaram por estudantes para se aproximar de atraentes estranhos do sexo oposto no campus de uma universidade e dizer: "Tenho observado você aqui no campus. Eu achei você muito atraente". Depois eles perguntariam aleatoriamente uma destas três perguntas para avaliar as diferenças de gênero na receptividade a convites sexuais:

1. Você gostaria de sair comigo hoje à noite?
2. Você gostaria de vir ao meu apartamento hoje à noite?
3. Você gostaria de dormir comigo hoje à noite?

Os resultados foram previsíveis:

	Resposta afirmativa por parte dos participantes	
Pergunta	**Homens**	**Mulheres**
1	50%	44%
2	69%	6%
3	75%	0%

A vida no *campus* não representa exatamente a sociedade em geral, mas a pesquisa demonstrou que a aproximação direta para marcar um encontro funciona em praticamente metade das vezes tanto para os homens quanto para as mulheres, de maneira similar – essa não é uma porcentagem ruim, se você for corajosa o suficiente!

Se observar a formulação usada pelos ajudantes, notará que ela começa com afirmação sobre um local, seguida de uma pergunta que requer uma resposta sim ou não – o que não é uma ideia muito boa. No entanto, se você for mais charmosa do que alarmante, as frases: "Tenho observado você aqui no campus (trabalho, clube etc.) e "Eu achei você muito atraente" (ou algo sobre a pessoa – a maneira como se veste, sua voz etc.), seguidas por "O que você acha de me encontrar para tomar um café no fim do dia?" gerarão uma boa chance de receber uma resposta positiva.

Como ele fez isso?

Ryan viaja em aviões e trens constantemente por causa do seu trabalho e não tem o hábito de convidar mulheres estranhas para sair. Mas dessa vez foi diferente, pois sua vontade de conversar com Shantha foi tão intensa que ele ignorou seu diálogo interior que costumava dizer para ele não ser ridículo. Algo lhe disse para seguir em frente e agir e isso permitiu que ele se conectasse com seu oposto compatível.

Mas ele obteve uma ajuda. Três anos antes, seu chefe lhe pediu para fazer um curso chamado Planejamento Neurolinguístico para Gerentes. Durante a conversa com Shantha, ele utilizou algumas técnicas que havia aprendido, são os chamados "padrões e gestos de linguagem irresistíveis".

Ritmo da realidade do momento

Quando Ryan se apresentou para Shantha, usou a técnica que hipnoterapeutas chamam de *ritmo da realidade do momento.* Essa é uma boa maneira de suavizar o impacto de qualquer abordagem, seja direta ou indireta. Para fazer que você se sinta relaxada, o hipnoterapeuta atrairá a sua atenção para três *fatos*, ou coisas que são obviamente verdade. Assim, quando você entra em um estado de espírito de concordância, ele fará uma sugestão, na esperança de que você concorde novamente. Ele pode dizer, por exemplo: "Neste momento em que você está sentada aqui (primeiro fato), ouvindo o som da minha voz (segundo fato) e olhando para a parede na sua frente (terceiro fato), observará que seus ombros começam a relaxar e a ficar mais leves (sugestão)".

Leia novamente o que Ryan disse a Shantha. Primeiro ele mencionou três coisas com as quais ela tinha que concordar: sim, eles estavam em um trem; sim, ele estava passeando havia pelo menos meia hora; e sim, elas estavam concentradas na conversa. Tudo o que Ryan fez foi descrever a situação e Shantha teve que concordar, embora subconscientemente, com o que ele estava dizendo. Ele não disse nada com que ela pudesse discordar subconscientemente. Por exemplo, ele não disse que ela estava se divertindo ou que achou o assento confortável, pois não sabia se isso era verdade ou não.

Se for comunicada com linguagem corporal e tom de voz verdadeiros, esse tipo de linguagem é irresistível e sutilmente coloca as pessoas em um estado de espírito mais aberto e relaxado ao apresentar verdades incontestáveis sobre o ambiente naquele momento.

Suponhamos, por exemplo, que você esteja esperando na fila para fazer um passeio no Hopi Hari com seus dois filhos e que na sua frente esteja um rapaz atraente com suas duas filhas. Casualmente, você pode dizer algo como: "Só de ver todas essas pessoas se divertindo e escutá-las rindo em um dia tão bonito, sinto-me bem por estar aqui".

A mesma abordagem pode funcionar no pátio de um restaurante ou em uma barraca de lanches na praia, supondo que todos os seus fatos sejam realmente fatos e que seus filhos não estejam deixando todos malucos! Com ou sem sugestão, essa é uma ótima maneira para fazer as pessoas relaxarem e concordarem com você.

Tática da cabeça

Você deve ter notado que em certo momento Ryan também usou algo que eu chamo de truque da cabeça. Isso envolve usar a linguagem corporal para indicar a resposta que você quer receber a uma pergunta cuja resposta seja sim ou não. Os comissários de bordo fazem isso quando querem perguntar aos passageiros: "Posso trazer mais alguma coisa?". Se eles quiserem uma resposta positiva, indicam "Sim" levemente com a cabeça no momento em que fazem a pergunta. Se preferirem uma resposta negativa, balançam sutilmente a cabeça, indicando "Não". Como mencionei anteriormente, conscientemente ou não, reagimos profundamente aos sinais visuais. Quando Ryan perguntou se Shantha gostaria de sair com ele, indicou um "Sim" com a cabeça ao fazer a pergunta e, apesar de inicialmente ela ter recusado, pode ser que ela já estivesse em dúvida.

> Perguntas suaves dão a impressão de serem mais naturais do que as perguntas duras e permitem que você, ainda que rapidamente, conduza a conversa de forma delicada e pareça mais sensível.

Perguntas suaves

Perguntas suaves, ou tecnicamente denominadas *postulados conversacionais*, normalmente estimulam uma resposta sem precisar perguntar de forma direta. Se você perguntar a uma pessoa: "Você sabe onde fica a estação de ônibus?", ela provavelmente responderá "Sim" ou "Não", mas seguirá adiante e informará a localização. Se você ler cuidadosamente, verá que, na verdade, Ryan não convidou Shantha para almoçar com ele; em vez disso, inseriu sua pergunta em uma afirmação sobre sua curiosidade: "Eu estava imaginando o que você diria se eu a convidasse para almoçar". Ele perguntou sem perguntar, o que suavizou e distanciou a possibilidade de resposta, tornando-a hipotética. "Estou curioso para saber o que você diria se eu a convidasse para sair." Uma versão um pouco mais direta poderia ser: "O que você acha de eu ligar para você (ou beijá-la etc.?)". Essa última é uma pergunta real, mas ainda é hipotética e, portanto, um pouco distante e suave. Perguntas suaves dão a impressão de serem mais naturais que as perguntas duras e permitem que você, ainda que rapidamente, conduza a conversa de forma delicada e pareça mais sensível. No caso de Shantha, ela entendeu o recado e ficou lisonjeada.

Sugestões persuasivas

Os locutores, ou as pessoas que leem textos publicitários em comerciais de rádio e TV, frequentemente usam *sugestões persuasivas* (também chamadas de *diretrizes ocultas* ou *comandos embutidos*) para reforçar e direcionar o comportamento de seu público. Comunicadores persuasivos também fazem isso naturalmente o tempo todo. Quando Ryan disse: *"Pense sobre isso* e, quando for conveniente, *me ligue*. Ou *se mudar de ideia*, ou se você quiser, *pode me enviar um e-mail hoje à noite"*, ele estava usando sugestões persuasivas para cultivar ideias. O segredo é separar as sugestões do resto da frase, mudando levemente o tom de voz e a linguagem corporal enquanto você fala. Ryan fez uma pequena pausa antes de dizer "Me ligue" (e todos os outros imperativos acima, em itálico) e diminuiu um pouco o tom de voz para ser um pouco mais imponente. Ele também olhou Shantha nos olhos e estava tranquilo, o que lhe permitiu concentrar-se inteiramente em suas palavras.

Outra forma de sugestão vem da ambiguidade intencional. Descubra algo óbvio que você e alguém que lhe interessa tenham em comum. Digamos que seja o esporte tênis. Você dirá algo como: "Se você, assim como eu, gosta de jogar tênis, então se interessará em ler a nova biografia de Monica Seles" (ou qualquer outra coisa que você queira adicionar: "Confira as novas quadras de saibro na Rodovia 16" ou "Você precisa experimentar essas novas bolas de longa duração"). Esse é um comentário perfeitamente inocente, a menos que você diga o que realmente quer: "Se (pequena pausa) você gosta de mim (pequena pausa), gosta de jogar tênis, então se interessará...". O que acontece é que a pessoa para quem você está dizendo isso entenderá duas mensagens (a indicação de gostar de você e a conversa real sobre o tênis), sem perceber, conscientemente, você cometeu um erro. É dez vezes mais fácil do que parece. Faça uma tentativa e pratique diferenciando o comando em um tom mais sério do que o restante e, é claro, com contato visual. Assim que você aprender, volte atrás e releia as palavras de Ryan para Shantha, separando os comandos com uma pequena pausa e falando-os como se fossem instruções.

Independentemente de optar pela abordagem direta ou não, todas as técnicas acima são úteis para atrair a pessoa na qual você está interessada e conectar-se com ela, além de ajudar na comunicação em geral. Ryan agiu em uma questão de segundos. Usando fatos que podem ser comprovados, ele marcou o ritmo de acordo com a realidade do momento para obter aceitação e para mentalmente entrar em sintonia com Shantha. Ele usou perguntas suaves e a tática da cabeça para comunicar seu pedido, e utilizou sugestões persuasivas para superar as resistências dela.

Claro que a abordagem direta é um pouco assustadora e provavelmente não funciona para a maioria das pessoas, mas, se você conseguir realizá-la, ela certamente irá direto ao ponto e economizará tempo. Como a maioria das coisas, essas habilidades tornam-se mais fáceis com a prática. Pratique-as no trabalho, na recepção de um hotel ou quando estiver convencendo o garçom a lhe conceder aquela mesa bem no meio do restaurante – ou, como Ryan e milhares de pessoas que se apaixonaram à primeira vista, quando você for estimulada a agir por estar na presença de seu oposto compatível.

Abordagem indireta: em busca de sintonia

Você já esteve em uma reunião e alguém se aproximou e disse algo relativamente inofensivo e de repente você se deu conta de que estavam conversando como velhos amigos? Caso sua resposta seja positiva, você acabou de encontrar alguém com quem entrou em sintonia. É uma sensação muito agradável e é como as pessoas com facilidade para se socializar fazem seus contatos iniciais. Elas simplesmente se aproximam da pessoa com a qual desejam se conectar e, geralmente com apenas um olá, continuam conversando como se já conhecessem a pessoa por toda a vida. Claro, isso requer certa dose de ousadia, mas com prática você pode se sentir muito confortável com essa abordagem.

Peça um encontro

Se encontrou uma sintonia em alguém, tudo está indo bem e há uma química de ambos os lados, não há nada que o impeça de convidar a pessoa para sair ali mesmo. Tudo o que você precisa dizer é: "Eu realmente gostei de conversar [bater papo, trocar ideias, correr na chuva etc.] com você, e seria ótimo se pudéssemos sair juntos novamente" e espere uma resposta. Não diga nada. Deixe a pergunta suave/ postulado conversacional fazer a mágica para você. A pessoa aceitará ou recusará. Se a resposta for positiva, marque o encontro imediatamente ou troque os números de telefone e diga quando você ligará para a pessoa. Se a resposta for negativa, ela será direta ou virá com uma desculpa. Normalmente as desculpas envolvem disponibilidade ou tempo: "Eu sou casado", "Estou em um relacionamento" ou "Estou um pouco enrolado no momento". Aceite que, quando um convite é recusado, a interação está encerrada. Em outras palavras, aceite que não realmente significa não.

A questão de a mulher chamar o homem para sair, de certa forma, tem a ver com o fator geracional: quanto mais jovem é a mulher, mais aceitável é essa ação; quanto mais velha, mais desconfortável os dois ficarão. No entanto, independentemente da sua idade, acho que ficaria surpresa com a quantidade de homens que ficariam lisonjeados, aliviados e impressionados se você desse o primeiro passo. Além do

> mais, honestamente, o que você tem a perder? Se estiver realmente nervosa, dê a volta por cima e demonstre bom humor. Você pode dizer: "Eu me diverti muito conversando com você e acho que seria ótimo se você me chamasse para sair". Se a sintonia for muito boa e ele parecer receptível à sugestão, você pode reforçá-la com uma linguagem corporal alto-astral, como um sorriso, uma expressão esperançosa nos olhos e um movimento afirmativo com a cabeça.

Buscar uma sintonia é uma maneira sutil e menos intrusiva de conectar-se com a pessoa na qual você está interessada. É menos arriscado emocionalmente que a aproximação direta, porque não requer nenhum tipo de introdução e pedido direto. Você simplesmente se apresenta, observa algo interessante que esteja acontecendo naquele momento e inicia sua conversa: "Chocolate coberto com cobertura de laranja é uma decadência. Como alguém teve uma ideia dessas?" ou "Os quadros de Turner têm um mistério maravilhoso. O que você acha que ele estava tentando dizer?" ou "Deve haver mais caminhões de sorvete nesta parte da cidade do que em todo o restante do estado. Por que você acha que isso ocorre?".

Uma das principais vantagens de buscar uma sintonia é que você pode conhecer melhor a pessoa antes de agir. Você pode conversar um pouco com ela de um jeito normal, inocente e alegre e ver se vocês combinam. As primeiras impressões podem ser enganosas. Aquele rapaz atraente que está tomando um café expresso duplo e olhando pela janela da cafeteria pode não ser o poeta parisiense que você imaginou, e sim um membro dos apostadores anônimos que não toma banho há um mês. Pode ser que aquela garota que parece meio boba com óculos de fundo de garrafa no aeroporto seja uma dançarina sensual da Broadway, e não uma *hippie* que nunca é convidada para dançar. Nunca se sabe! Buscar uma sintonia ajuda a explorar outros aspectos.

Exemplo: Henry vê uma mulher atraente almoçando no balcão de um restaurante e senta ao lado dela. Pega o cardápio, observa-o por um momento e depois, com toda a inocência e franqueza, como se ele fosse um velho amigo ou um primo, inclina-se na direção dela e pergunta: "O que você recomenda? Eu nunca comi aqui". Se sua resposta for uma recomendação, excelente, ele continuará a conversa. Se for "Eu também não", também não tem problema, pois, de qualquer maneira, eles terão algo em comum.

Francine está no casamento de seu primo. Após a cerimônia, no momento em que os noivos estão entrando na limusine para irem à festa de recepção, o céu se fecha e começa a chover. Francine olha para o rapaz atraente ao seu lado, encolhe os ombros e solta uma risada.

– O que vamos fazer agora? – ela pergunta.

– Não sei – ele diz.

– Vamos correr – ela diz. – Onde você estacionou seu carro? – Ambos estão encharcados, eles provavelmente têm amigos em comum, uma vez que estão participando do mesmo evento, e ambos estão correndo para o estacionamento. Eles têm muito em comum.

O objetivo de buscar uma sintonia é que você não usa nenhum tipo de cantada inicial, simplesmente começa a conversar.

Ashley veio dar uma olhada nas lareiras a gás natural na loja Fireside. Ela está imersa em seus pensamentos, imaginando como o lançamento do mês ficará na casa da fazenda que ela está reformando. Marty aparece ao seu lado, com um caderno na mão, e analisa o fogão independente, a dois modelos de distância do Majestic de Ashley.

– Você acha que esses fogões parecem mais autênticos na cor preta ou acha que os coloridos dão um visual mais campestre?

Ashley olha para ele.

– Perdão?

Marty repete a pergunta.

Ashley sorri.

– Acho que você lê pensamentos – ela diz. – Eu estava imaginando a mesma coisa.

Eles passaram os cinco minutos seguintes trocando opiniões, fornecendo informações um ao outro. Eles têm muito em comum.

Como buscar sintonia

O objetivo de buscar uma sintonia é que você não usa nenhum tipo de cantada inicial, simplesmente começa a conversar. Quanto mais inclui detalhes sobre qualquer coisa que esteja acontecendo com você naquele momento, mais relaxada e natural parecerá. Relaxe e seja natural, sinta-se o contrário de uma pessoa estressada ou ansiosa. Casual é a palavra-chave. É perfeitamente natural e amigável trocar algumas palavras com pessoas em suas idas e vindas diárias. Esse tipo de bate-papo amigável pode acontecer na fila de um supermercado, em um coquetel, em um jogo, na sala de espera de um aeroporto, em uma galeria de arte – você escolhe.

Como você pode se sentir casual, relaxada e natural no momento em que busca uma sintonia? Simples: o segredo é praticar. Qualquer um dos seguintes tipos de frases, perguntas ou elogios, ajuda a iniciar uma conversa:

- Pergunta abrangente (ou seja, uma pergunta que não possa ser respondida com um simples sim ou não) como: "O que você já ouviu falar sobre esse filme?".
- Afirmação sobre uma ocasião/lugar que se refira ao que está acontecendo ao seu redor ou ao lugar onde você está (como um mercado). Por exemplo: "Finalmente, abacaxi fresco".
- Afirmação sobre uma ocasião/lugar, seguida de uma pergunta abrangente: "Finalmente, abacaxi fresco. Como você sabe se ele está bom para o consumo?".
- Comentário: "Nossa, meu relógio está com a data errada!"
- Observação: "Eba! Parece que nosso time vai ganhar hoje à noite!"
- Elogio sincero: "Amei seu chapéu!"
- Pedido de opinião: "Eu nunca comi aqui. Você recomenda algo?"

Suponha o melhor

Quando vir alguém que lhe agradar, não comece a fazer suposições sobre como ele se sentirá caso você se aproxime. Você não sabe se ele se sentirá envergonhado, ofendido ou entusiasmado, portanto aproxime-se e veja qual será sua reação. Você não tem nada a perder. O pior que pode acontecer é um pequeno machucado no seu ego.

Em busca de sintonia

Leia os cenários a seguir e, usando os detalhes da situação, simplesmente suponha que existe sintonia e decida o que você diria. Proponha uma afirmação conversacional para cada um deles e prossiga com uma pergunta abrangente.

1. Está chovendo no momento em que você sai da loja. Diversas pessoas estão esperando a chuva parar um pouco porque elas, assim como você, não têm guarda-chuva. Você está perto de alguém que acha atraente, então diz...
2. Você está no trabalho e sai durante seu intervalo porque a tarde está muito bonita. Você nota alguém que não conhece, alguém que trabalha em outro departamento. Você se aproxima e diz...
3. No caminho para o trabalho, você para em uma lanchonete para comprar um café com leite e nota uma pessoa atraente que também fará um pedido. Você diz...
4. Você está experimentando sapatos e alguém que considera atraente está perto de você, pacientemente esperando o vendedor voltar...

Se tiver de supor, *suponha que funcionará.* Suponha que as pessoas lhe darão o benefício da dúvida e faça o mesmo com elas. Suponha que elas serão influenciadas por sua visão de mundo positiva e por sua atitude atraente. A maioria das pessoas quer se relacionar e fazer amizades, portanto suponha o melhor.

Dito isso, também é bom lembrar que todos somos mais abertos e receptivos a conversar com estranhos em alguns momentos do que em outros. Às vezes queremos ficar sozinhos – tivemos um dia difícil ou temos algo importante em nossa mente ou, por qualquer outro motivo, não queremos falar com ninguém. Quando estamos nesse estado de espírito, geralmente emitimos alguns sinais: uma expressão facial de preocupação ou de aborrecimento, por exemplo, ou outra linguagem corporal fechada. É importante ficar atento a esses sinais (e aos sinais contrários, caso haja receptividade) antes de se aproximar de alguém. Caso você se aproxime e sinta qualquer sinal de rigidez ou aborrecimento, ou se a pessoa simplesmente ignorar você, não tem problema. Apenas sorria, peça desculpas e vá embora. Você foi amigável. Isso é o que importa.

Quando você identificar uma oportunidade que é boa demais para deixar passar, conte até três, ajuste sua atitude e faça sua abordagem.

A regra dos três segundos

Quanto mais você adia algo, mais difícil será fazê-lo. Alguma vez você já perdeu uma oportunidade porque demorou demais para agir? Ou desistiu de fazer alguma coisa e depois se arrependeu? Você já se sentou em um bar para tomar uma taça de vinho ou um copo de cerveja durante toda a noite e ficou observando as pessoas se divertirem, enquanto você não saía do lugar? "Vou pedir apenas mais uma bebida e depois vou entrar em ação." "Da próxima vez que ele olhar nesta direção, sorrirei para ele." "Talvez aquele rapaz que acabou de entrar faça o meu tipo." No fim da noite, você acaba decepcionada consigo porque desistiu de algo ou porque simplesmente não teve coragem de agir.

Você estava esperando, consciente ou inconscientemente, que se aguardasse tempo suficiente algo poderia acontecer do nada? Esse é o equivalente social de colocar os pratos sujos na pia e esperar que eles próprios se lavem. As oportunidades se multiplicam conforme são aproveitadas. E se você fosse abordada por todas essas pessoas? Já teria uma nova rede social inteira. Uma dessas pessoas no bar poderia ter levado você a um churrasco e lá você poderia ter conhecido um rapaz que a convidaria para ir a um jogo, e o irmão dele poderia ter aparecido, com um amigo que, por sua vez, poderia tê-la convidado para velejar com ele e seus amigos. De repente você estaria preparando um jantar para 16 convidados, um dos quais poderia facilmente ser seu oposto compatível.

Mas se você ficar apenas desejando, aguardando e esperando que algo aconteça, nada acontecerá. Quanto mais esperar, maior será a chance de que o rapaz em que você está de olho vá embora ou encontre outra pessoa e você terá ainda mais motivos para se martirizar por ter esperado demais.

Relembre o conselho que Cristina, a proprietária de cavalos, deu a Laura quando ela havia chegado na cidade há pouco tempo, no Capítulo 3: três segundos. Faça algo dentro de três segundos. Aproveite o momento e entre em ação.

A maioria das pessoas deseja conectar-se, e não há nada mais triste do que duas pessoas solitárias, separadas pela distância de um cumprimento, sem que nenhuma aproveite a oportunidade para dizer uma palavra, criar um vínculo ou demonstrar seu interesse. Elas se cruzam na rua, sentam-se perto uma da outra em lanchonetes e se veem todos os dias, enquanto cada uma cuida de sua vida. Elas podem querer se conectar, mas nada acontecerá até que uma delas tome a iniciativa. Portanto, quando você identificar uma oportunidade que é boa demais para perder, não a deixe passar. Conte até três, ajuste sua atitude e faça sua abordagem.

A regra dos três segundos

Hoje, saia e procure sintonizar-se com três estranhos. Vamos começar devagar, portanto escolha três pessoas que não sejam intimidantes de forma alguma. O objetivo é simplesmente dizer algo a um estranho, não iniciar uma conversa. Você pode dizer qualquer coisa, mas as afirmações e perguntas são as mais fáceis – qualquer comentário ou pergunta sobre o local ou sobre um acontecimento servirá. Claro, você deve ajustar sua atitude, abrir sua linguagem corporal e ser charmosa. Isso é necessário em qualquer encontro. Mas aqui está a parte importante do exercício: você caminhará em direção à pessoa no momento em que a avistar. Em sua cabeça, contará até três e depois irá até ela sem hesitação.

Você está criando um novo hábito e "um, dois, três" será seu gatilho. Pratique, pratique, pratique – simplesmente pratique. O ponto-chave é que você se sentirá confortável ao quebrar o gelo e agir. Quanto mais conversar com estranhos, mais fácil isso se tornará.

Você pode usar uma aproximação direta, como Ryan fez no trem. Se estiver confiante, essa é uma ótima maneira de começar. Ou você pode usar a aproximação indireta e buscar uma sintonia. Buscar sintonia tem três vantagens: não cria um compromisso, permite que você aprenda um pouco sobre a pessoa e possibilita que você vá embora de forma digna se o encontro não der nenhum fruto. Afinal de contas, a busca por sintonia é, em primeiro lugar, uma aproximação casual, portanto uma saída casual é perfeitamente aceitável. Se casualmente você estiver perto da pessoa na qual está interessada, aguarde aproximadamente meio minuto (neste caso a regra dos três segundos se aplica à sua movimentação, não à escolha do momento para agir) e comece a conversar como se estivesse conversando com seu primo ou com um velho amigo. Cuidado para não passar a impressão de que está dando em cima da pessoa. Simplesmente seja confiante, interessante e, se possível, divertida. O segredo é ser o mais casual, relaxada e confiante possível.

Se houver química e você tiver a oportunidade de convidar a pessoa para um encontro, será fantástico. Se não houver química, parta para outra. E, se parecer que houve química, mas ambos estiverem paralisados depois da aproximação inicial, você precisa ajustar suas habilidades conversacionais. No próximo capítulo, veremos como transformar as faíscas que você já acendeu em uma grande chama.

Parte 3

Ação!

Junte tudo e vá da conexão
à intimidade e ao amor
em 90 minutos ou menos.

Capítulo 8

Conversa e Química

Muito bem, você já fez o contato inicial. Aproximaram-se ou foram apresentados ou flertaram e disseram: "Oi" e você sentiu um pouco de química, talvez muita – o suficiente para sugerir que essa pessoa poderia ser seu oposto compatível. Agora, qual é o próximo passo? Como você passará dos comentários introdutórios para uma conversa envolvente? Com frequência, uma apresentação promissora e uma boa primeira impressão – ou uma aproximação tranquila – fracassam porque nenhum dos dois sabe o que dizer em seguida. Não conseguem sair das conversas gerais e engatar uma conversa mais interessante e substancial, onde as verdadeiras conexões são feitas.

Como você já sabe, as perguntas são o motor de uma conversa. Quase todo mundo gosta de conversar sobre si (e aqueles que não gostam geralmente conversam sobre o que conhecem), portanto, se você fizer boas perguntas, já estará na metade do caminho. Digo metade do caminho porque outro componente importante para uma boa conversa é ouvir atentamente. Às vezes ficamos tão envolvidos em garantir nossa parte da conversa, que nem prestamos muita atenção ao que a pessoa está dizendo. A escuta ativa – quando se presta atenção e realmente responde à pessoa com quem se está conversando – é essencial para uma conexão significativa. Boas perguntas associadas à escuta ativa é uma receita quase à prova de falhas para uma conversa animada e envolvente.

On-line versus Pessoalmente

Parte do motivo pelo qual o namoro pela Internet é tão popular é pelo fato de ele não acontecer em tempo real – você não fica atordoado porque alguém a está olhando e pode reescrever suas respostas até que elas pareçam inteligentes e interessantes. Não acontece o mesmo na vida real. Quando alguém está olhando para você, você não pode fechar os olhos para pensar, contorcer o rosto à procura de um pensamento brilhante, morder a parte de trás dos dedos à procura da inspiração perfeita de sabedoria. Para muitas pessoas, conversar pelo telefone também é mais fácil do que conversar pessoalmente. No entanto, como muitas pessoas que iniciaram seus relacionamentos pela Internet dirão: "Tudo ia 'de vento em popa' até o momento em que nos conhecemos pessoalmente e percebi imediatamente que não havia química".

Quando se encontra alguém pessoalmente, há um bombardeio de fatores sensoriais: pode-se ver, ouvir, sentir e cheirar a outra pessoa. Esses são os elementos de uma química verdadeira e, quando ela existe, você simplesmente sabe. Feche os olhos e pense em três pessoas de ambos os sexos com que você tem química. Aposto que conversar com essas pessoas é bastante fácil, certo? O mesmo vale quando se trata de fazer que alguém se apaixone por você. Conversas sem química não a levarão a um romance duradouro; conversas com química, sim. Quanto maior a química, mais facilmente as conversas se desenvolvem.

O segredo está na pergunta

É impressionante como as pessoas ficam felizes quando se pergunta sobre algo que lhes interessa profundamente. No entanto, as perguntas também podem ser vistas como intrusivas ou intrometidas, portanto é uma boa ideia iniciar, com calma, com questões neutras, tais como: "De onde você conhece nosso anfitrião?", "Esta é a primeira vez que você vem aqui? Está gostando?", "O que você acha dos quadros de Jack?". Não é aconselhável iniciar uma conversa interrogando as pessoas ou invadindo sua vida pessoal; tudo o que você deve fazer é deixar as coisas fluírem. Quando a pessoa responder, preste atenção tanto nas respostas quanto na linguagem corporal, que indicará o nível de conforto. Se ela fizer contato visual, parecer relaxada, olhar fixamente para você e sorrir, é bem provável que esteja se sentindo confortável contigo.

Perguntas de qualidade

Existem dois tipos de perguntas: as abrangentes e as restritas. As perguntas restritas geralmente começam com: "Você é?", "Você já fez" ou "Você já foi" e permitem que você responda com apenas uma palavra. Pense sobre isso. Se eu lhe perguntar: "Você é fã de Julia Roberts?", tudo o que você realmente precisa dizer é sim ou não.

Elementos fundamentais da escuta ativa

No *Jornal de Investigação da Universidade de Maine*, o Dr. Marisue Pickering identificou dez habilidades discretas para a escuta ativa e compreensiva:

1. *Prestar atenção e entender*: Fornecer uma percepção não verbal da outra pessoa por meio do contato visual e do feedback físico.

2. *Reafirmar e parafrasear*: Responder à mensagem verbal básica da pessoa.
3. *Refletir*: Revelar seus próprios sentimentos, experiências, ideias ou pensamentos que sejam semelhantes ao que o outro disse ou insinuou por meio de sinais não verbais.
4. *Interpretar:* Oferecer uma interpretação provisória sobre os sentimentos, desejos ou explicações da outra pessoa.
5. *Resumir e sintetizar*: Reunir sentimentos e experiências; determinar um foco.
6. *Sondar:* Perguntas auxiliares que solicitam mais informações ou buscam esclarecer uma confusão.
7. *Fornecer uma resposta oral*: Compartilhar opiniões sobre as ideias ou os sentimentos da outra pessoa, revelando informações pessoais relevantes.
8. *Apoiar:* Mostrar cordialidade e preocupação do seu jeito.
9. *Verificar percepções*: Descobrir se as interpretações e percepções são válidas e precisas.
10. *Ficar em silêncio*: Dar um tempo para que a outra pessoa possa pensar e falar.

Perguntas abrangentes geralmente começam com quem, o que, por que, onde, quando ou como, e exigem mais que uma resposta monossilábica. Elas tendem a fazer que as pessoas se abram. Por exemplo: "O que você acha de Julia Roberts?" ou "O que você faz para se divertir?". No entanto, o segredo é conversar sobre algo que a pessoa disse, ou algo que está acontecendo ao seu redor, em vez de fazer uma pergunta fora do contexto. "Olha aquele cachorro enorme! Aquela mulher que está com ele não deve pesar nem 45 quilos. Como você acha que ela conseguiria controlá-lo?" – esse tipo de coisa.

Mas suas perguntas também não precisam ser muito inteligentes ou bem-pensadas. Minhas favoritas são: "Fale-me sobre ________________" e "O que você acha de ________________________?". Essas duas frases são, de fato, instruções para que a outra pessoa comece a conversar e são quase à prova de falhas. Da próxima vez que você conversar com alguém, peça à pessoa que comente sobre alguma coisa e reaja olhando para ela e parecendo interessada, preste atenção a todos os aspectos conversacionais que forem emitidos (veja abaixo). É simples. Adicione um feedback e algumas perguntas baseadas nas coisas que a pessoa disse e, se houver química, quem sabe até aonde essa história pode ir. Como eu mencionei no capítulo anterior, é mais educado introduzir sua pergunta com uma afirmação que reflita um interesse em comum, algo sobre a reunião ou a festa em que vocês estão, algum evento atual interessante – até mesmo o clima serve. Após esse comentário, faça uma pergunta abrangente: "As melhores bandas se apresentam neste lugar. Qual é seu tipo favorito de música?". Depois preste atenção na resposta.

Aponte o caminho

Uma parte importante de prestar atenção é ficar atento aos *indicadores*. Os indicadores são pequenas porções de informação que conduzem você a possíveis rumos de conversa e também permitem que você saiba mais sobre a pessoa com quem está conversando.

Jack literalmente se esbarrou em Jill em uma feira agrícola e disse: "Sinto muito! Você está bem? Estou à procura de uma pessoa e, por isso, eu não olhei por onde eu andava. Realmente sinto muito".

É importante não apenas fazer perguntas, mas também oferecer informações por sua conta.

Jill, notando que Jack é atraente, responde: "Eu estou bem. Você precisa de ajuda para encontrar alguma coisa?".

"Tenho um amigo que mora na cidade. Prometi pegar algumas coisas e deixá-las aqui para serem leiloadas. Ele deixou um recado dizendo que estava aqui, por isso eu vim, mas não consigo encontrá-lo."

"Tem algumas barracas de comida ali", ela disse, apontando atrás de Jack, "e a competição de tratores fica lá".

Para tudo! Jill realmente esqueceu os indicadores! Jack ofereceu a ela duas informações por conta própria enquanto ele passava a bola relativa à conversa pela rede, mas em vez de devolver seu saque, Jill fez o equivalente conversacional de colocar sua raquete para baixo e roer as unhas. Ela deveria ter dito algo como: “Então será realizado um leilão? Você sabe quando?” e/ou “Parece que você não mora aqui na cidade. Você conhece bem o nosso pequeno vilarejo?”.

Os indicadores são geralmente palavras que você pode selecionar e repetir ao seu parceiro para conduzir e focar a conversa. Simplesmente escolha o indicador que pareça mais óbvio, ou o que mais lhe interesse, e deixe que a conversa siga nessa direção. É importante não apenas fazer perguntas, mas também oferecer informações por sua conta.

É importante não apenas fazer perguntas, mas também oferecer informações por sua conta.

Preste atenção

Existem bons e maus apresentadores de TV. Os que são ruins fazem perguntas superficiais e prontas ou falam mais que o convidado. Já os bons apresentadores são ouvintes habilidosos e ativos.

As regras básicas para a escuta ativa e para se conectar com êxito na conversa são quase as mesmas regras referentes a entrevistas: estabelecer uma sintonia, fazer perguntas que permitam que a pessoa converse, prestar atenção nas respostas, seguir seus indicadores e dar uma resposta. A escuta ativa é uma ótima maneira de fazer que as pessoas se abram e revelem mais sobre si do que elas fariam normalmente.

Ao conversar (mesmo com amigos e familiares), a maioria das pessoas, consciente ou inconscientemente, quer parecer inteligente, poderosa, importante ou valiosa, por isso, sentimos que precisamos defender e justificar nossas ideias e crenças. Por causa disso, passamos mais tempo pensando no que diremos em seguida do que ouvindo o que o outro está dizendo, e as conversas podem acabar se transformando em duas pessoas na defensiva, brigando ridiculamente entre si. Isso pode ser evitado se demonstrarmos ao outro, ouvindo cuidadosamente, que realmente estamos interessados no que ele está dizendo. Assim a pessoa se sentirá à vontade e receberá uma validação, provavelmente fazendo-a explicar em detalhes como se sente e por quê. A escuta ativa é, portanto, um pré-requisito para a intimidade emocional.

Feedback consciente: forneça e receba

Conectar-se é um sistema de duas vias no qual os participantes cooperam e se encorajam entre si. Se você parece agir de forma interessada, suponho que está interessada. Se você não reage ou não responde, suponho que não está nem um pouco interessada em conversar comigo. Seu comportamento se tornará uma profecia autorrealizável: as pessoas não vão querer ficar ao seu lado e você acabará, de fato, sozinha.

As pessoas que não dão feedback parecem entediadas, chateadas ou confusas, portanto melhore sua maneira de escutar e responder aos demais; use todo o seu rosto e seu corpo para demonstrar interesse. Comece com os olhos e a boca, use-os para registrar seus sentimentos – surpresa, alegria, aversão ou qualquer outro, mas não pare por aí. Encolha os ombros, mexa as mãos, ria, chore – responda! Incline-se para a frente na cadeira, use sua postura para mostrar que você está prestando atenção. Acene com a cabeça e encoraje verbalmente a outra pessoa com interjeições como: "Você só pode estar brincando!", "Ele disse *o quê*?" ou "Isso é incrível!". E não se esqueça de usar o poder do silêncio. Dê à outra pessoa um tempo para que ela pense e fale. Como mencionei anteriormente, ajuda bastante assistir a como os apresentadores de programas de entrevistas (e também qualquer pessoa que você admire por suas habilidades sociais) criam uma química com suas perguntas e sua escuta ativa.

As pessoas que não dão feedback parecem entediadas, chateadas ou confusas.

Também desenvolva sua capacidade de ler os sentimentos das outras pessoas por meio de sua linguagem corporal e expressões faciais. Alguns são instintivamente melhores nisso do que os outros, mas, quanto mais você aprimora sua acuidade sensorial, mais capacitada se torna para conduzir conversas e situações a áreas de conforto e relaxamento. Se você divaga sobre suas aventuras de iatismo e não percebe que só de pensar nisso seu ouvinte fica enjoado, suas habilidades de feedback precisam ser melhoradas. Igualmente se você se aproximar de alguém por quem se sente atraída e não conseguir saber se ele está se sentindo desconfortável ou confortável por você estar muito perto. (Para saber mais sobre isso, veja o quadro sobre espaço pessoal no Capítulo 9).

O gatilho "Eu também"

Sabe aquele sentimento de satisfação que se tem quando alguém realmente a entende, quando você abre seu coração e o ouvinte diz, com empatia: "Eu também me sinto assim" ou apenas "Eu também"? O tipo de empatia "Eu também" é um dos acionadores mais poderosos que você tem para se conectar com outras pessoas e fortalece a sensação de que vocês estão compartilhando afinidades. Em todas as suas interações – seja uma paquera em um bar ou em uma conferência, buscando sintonia em uma festa ou na lavanderia, ou em um encontro – sempre busque oportunidades para dizer honestamente: "Eu também". Você está dizendo "Veja, nós somos parecidos" e reforçando a compatibilidade no conceito de opostos compatíveis. Isso também significa que encontrou um bom indicador para conquistar uma conversa e uma conexão mais profundas.

Pratique encontrar oportunidades para dizer: "Eu também". Simplesmente preste atenção no que a pessoa diz e, quando a oportunidade surgir, fale – desde que seja verdade. "Adoro cachorro-quente." Eu também. "Tive que estacionar muito longe daqui." Eu também. "Eu posso dançar polca depois de tomar algumas cervejas." Eu também.

Analisemos outra situação.

Ian chega ao banco para fazer um depósito dez minutos antes do horário de abertura. É uma bela manhã de primavera e o trânsito no centro está bastante engarrafado. Ele compra um café na lanchonete em frente ao banco e passeia pelo parque ao lado para esperar o banco abrir. Existem dois assentos: um está livre e no outro está sentada uma jovem muito bonita, que veste um casaco verde e uma saia escura. Ian coloca sua mochila no assento livre e olha com o canto do olho para a mulher. Ele se encontra nesse tipo de situação com mais frequência do que consegue se lembrar: ver alguém atraente e querer se aproximar, mas ainda está amedrontado com a possibilidade. Desta vez, ele se lembra de que tudo o que quer é iniciar uma conversa, fazer que a jovem converse e ver se ela quer ser amigável. Com o coração disparado, ele vai até ela e diz a coisa mais óbvia que veio à sua mente.

Sempre procure encontrar oportunidades para dizer honestamente: "Eu também".

– Oi. Você se importa se eu me sentar aqui?

A mulher se move um pouco para a esquerda.

– Não, eu não me importo – ela murmura, e Ian se senta.

– Que bela manhã. Estou esperando o banco abrir. Você está na fila antes de mim, para o banco? – ele pergunta, brincando.

– Na verdade, não. Vou começar a trabalhar em uma agência de viagens em um daqueles andares, por isso cheguei mais cedo.

– Esta é uma boa área para trabalhar. Existem alguns bons restaurantes aqui. Eu trabalho ali naquele prédio.

Ian não prestou atenção nos indicadores – primeiro dia de trabalho em uma agência de viagens. Ele deveria ter reunido essas informações e usado os iniciadores de conversas "quem, o que, onde, por que, quando e como": "Há quanto tempo você está no ramo de viagens?", "O que você vai fazer lá?". Ou ele poderia simplesmente ter dito: "Primeiro dia... Você está nervosa?". Ele ignorou uma das regras de ouro para estabelecer uma conexão: Prestar atenção. Você notou a oportunidade quase perfeita para um momento "Eu também" que ele perdeu quando ela disse que havia chegado mais cedo? Ele deveria ter dito, com humor e entusiasmo: "Pois é, eu também".

Muito bem, agora veremos uma situação do ponto de vista feminino.

Tina é farmacêutica, está fazendo um cruzeiro para o Alaska com sua amiga Jasmine. Certa manhã, após ter saído para passear pela plataforma sozinha, Tina vê um homem atraente sentado em um banco. Ela se senta ao lado dele e nota que ele está lendo o romance mais recente de John Grisham! Grisham é seu autor favorito! Ele sorri para ela no momento em que ela se senta e, sabendo que eles têm o livro em comum, ela também sorri.

Mas o homem voltou a ler. Tina decide se arriscar.

– Você é fã de Grisham?

– Na verdade, não – diz o homem. – Este é o primeiro livro dele que estou lendo.

– Sério? Por quê?

– Não tenho muito tempo para ler. Na minha profissão, o tempo pode ser bastante imprevisível.

– Eu já li todos os livros de Grisham. Ele é um dos meus autores favoritos, embora eu também goste bastante de Nora Roberts. Ela mescla mistério e romance.

Que resposta Tina pode esperar? Primeiro, ela cometeu um erro ao fazer uma pergunta introdutória restrita (ela teve sorte por ele ter falado um pouco mais); depois, a última coisa que ela falou foi uma série de afirmações, nenhuma pergunta. Tina estava no caminho certo com sua segunda dúvida, uma pergunta com "por quê", mas depois ignorou a informação voluntária que ele lhe deu como resposta e começou a falar sobre si. Se ela tivesse prestado atenção, deveria ter prosseguido com: "O que mantém você tão ocupado?" e buscado indicadores na resposta dele que teriam conduzido a uma conversa mais prolongada. Ou ela poderia ter dito: "Conte-me sobre sua vida agitada", ou "O que você está achando de Grisham até agora?".

Até o momento, coloquei em sua cabeça que afirmações de ocasião/lugar, perguntas abrangentes, feedback, prestar atenção, e gatilhos "Eu também" são os pilares de uma conversa. Mas será necessário algo mais para que a conversa e a química fluam naturalmente. Existe uma ferramenta muito poderosa que ainda não mencionamos e que você pode usar para fazer alguém se sentir confortável, ajudar a conversa a fluir e criar uma química. Ela é chamada de sincronização e é discutivelmente a mais poderosa entre todas as habilidades para buscar sintonia.

Entre em sintonia

Você já reparou que os casais que se sentem confortáveis na companhia um do outro tendem a conversar e se sentar da mesma maneira? Eles se inclinam, acenam e mudam de posição do mesmo jeito, conversam na mesma velocidade, intensidade e tom de voz e muitas vezes usam as mesmas palavras e frases. O que eles estão fazendo é uma sincronização, um processo que produz e reforça o tipo de harmonia e confiança natural, que é um pré-requisito para a intimidade emocional. Talvez ambos falem com um tom mais baixo, inclinem-se em direção ao outro com os braços sobre a mesa, recebam o ritmo, acenos e sorrisos do outro – basicamente eles refletem um ao outro.

Vejamos um exemplo. Fiquei emocionado ao receber esse recado de uma mulher que havia comprado meu primeiro livro, embora não fosse o tipo de livro que ela costumava ler. ("De alguma forma ele simplesmente saltou sobre mim e eu o comprei.") Nos momentos anteriores ao primeiro encontro, ela leu a seção sobre sincronização. Veja o que ela disse: "Após jantarmos juntos, fomos a um concerto e eu foquei a sincronização com a linguagem corporal dele, durante a segunda parte do concerto. Para minha surpresa, faíscas sexuais começaram a voar em minha direção... e mais tarde descobri que as faíscas eram mútuas. Ele disse que havia me achado sedutora. A verdade é que o que ele achou sedutor foi a sincronização!". Faíscas sexuais – parece que rolou uma química.

Se você recordar a interação de Michelle e Brad na loja de esqui no Capítulo 6, o que ela fez foi sincronizar-se com a linguagem corporal dele: Quando ele se movia para uma posição, ela fazia o mesmo, com facilidade e naturalidade. Quando nos sentimos confortáveis, fazemos isso naturalmente, mas Michelle não estava apenas se sincronizando com Brad, ela estava em uma fase mais avançada, usando sua linguagem corporal para deixar Brad ainda mais confortável. Leia o relato "Use a linguagem corporal para inspirar confiança" novamente para observar a facilidade com que ela fez isso.

Correspondência e reflexo

A sincronização inclui *correspondência*, que significa fazer a mesma coisa que a outra pessoa (ela mexe a mão esquerda, você mexe sua mão esquerda) e *reflexo*, que significa, como o nome indica, que você se move como se estivesse vendo a outra pessoa no espelho (ela mexe a mão esquerda, você mexe sua mão direita). Você tenderá a usar a correspondência quando estiver sentada ou andando *perto de* alguém e o reflexo quando estiver *de frente* para a pessoa. No entanto, sincronizar não significa imitar. Seus movimentos devem ser sutis e respeitosos. Se seu parceiro de conversa estiver olhando para você do outro lado da mesa em um pequeno bistrô francês e se apoiar sobre o cotovelo direito, você se apoia sobre seu cotovelo esquerdo – imagem no espelho. Se vocês dois estiverem encostados na grade da balsa admirando o pôr do sol e ele se inclinar sobre os cotovelos e cruzar as pernas, você faz o mesmo – correspondência. Se estiverem sentados lado a lado, em um *show* ou no cinema, e ele se inclinar em sua direção, você deve se inclinar em direção a ele. Esses são sinais não verbais que aceleram os sentimentos de conforto e proximidade conforme você adquire uma intimidade emocional com seu oposto compatível.

Sincronizar não significa imitar. Seus movimentos devem ser sutis e respeitosos.

Você pode pensar: "Mas será que as pessoas não perceberão que eu estou copiando seu comportamento?". Na verdade, não, a menos que a cópia seja grosseira. Se alguém pegar na orelha e você fizer o mesmo, então sim, a pessoa provavelmente perceberá. Mas quando uma pessoa está concentrada na conversa, não repara em uma sincronização delicada. Pessoas que socializam facilmente, sincronizam-se com as outras naturalmente, em qualquer momento, sem pensar. Simplesmente faça o mínimo necessário para que as coisas deem certo – e elas certamente darão.

Pense na sincronização como se você e a outra pessoa estivessem cada uma remando seu próprio barco, mas lado a lado. Vocês apontam os barcos na mesma direção e sincronizam o ritmo, as remadas, o padrão de respiração, o ponto de vista e os movimentos corporais um do outro para manter a mesma velocidade e direção. Com o tempo, como Michelle fez, você será capaz de usar essas técnicas para guiar a outra pessoa na direção que deseja.

Você pode sincronizar todos ou qualquer um dos seguintes aspectos – quanto mais, melhor:

- posição e movimentos corporais;
- inclinação da cabeça;
- expressões faciais;
- atitude mental;
- tom e intensidade da voz;
- velocidade da fala (mais rápido/mais devagar);
- respiração.

A busca por afinidades

Como vimos, momentos "Eu também" aumentam a proximidade, enquanto a sincronização da linguagem corporal aumenta a confiança e a química. Da mesma forma, quando duas pessoas percebem que têm coisas em comum (filmes favoritos, destinos turísticos, restaurantes, programas de TV, esportes, passatempos), sentem como se já se conhecessem e se entendem, podendo conversar sobre muitos assuntos de uma forma mais relaxada e natural. Se elas decidirem sair em um encontro, poderão escolher eventos e atividades que serão agradáveis e inesquecíveis para ambas.

Alivie a pressão

Eu tive a oportunidade de demonstrar para milhares de pessoas a incrível utilidade de descobrir afinidades, quando apareci em um especial do canal de TV CBS sobre namoro relâmpago. Caso não esteja familiarizada com esse termo, o namoro relâmpago começou como uma forma de judeus solteiros se conhecerem. Em uma noite, os participantes conhecem sete pessoas do sexo oposto em conversas individuais e particulares, com duração de sete minutos cada uma. Se uma pessoa quiser encontrar outra novamente, ela simplesmente escreve sim em uma votação secreta; se ambas as pessoas se sentirem da mesma forma, a organização as coloca em contato. Atualmente existem inúmeras variações dessa ideia.

Nesse programa em particular, uma jovem teve três "encontros-relâmpago" com três solteirões diferentes. Para tornar a ideia mais emocionante, os participantes tinham apenas 60 segundos para se exibir e mostrar suas qualidades. Minha função era aconselhá-los e guiá-los no decorrer do programa. O primeiro solteirão, um rapaz bem-vestido e bem-intencionado, ficou muito nervoso durante seus 60 segundos, evitou o contato visual, quase não sorriu e manteve o seu coração distante da mulher – além de falar apressadamente. O segundo candidato utilizou as dicas que eu passei sobre contato visual, sorriso e linguagem corporal, e fez perguntas que permitiram que a moça conversasse. Esse foi claramente um progresso e a plateia pôde definitivamente sentir a melhora.

Minha principal sugestão ao terceiro solteirão foi seguir o exemplo do rapaz anterior, mas também encontrar interesses que ele e a mulher tivessem em comum, e ele se saiu muito bem. Em 15 segundos eles descobriram que ambos gostavam de paraquedismo. A sensação de alívio foi imensa. A linguagem corporal dos dois ficou mais relaxada, eles sorriram bastante e tiveram muitos assuntos sobre os quais conversar. Provavelmente, o mais evidente foi a reação da plateia, que se sincronizou coletivamente com o casal conectado, inclinando-se para a frente, sorrindo e parecendo entusiasmada.

Conversa: a original sociedade da informação

É por meio da conversa que os relacionamentos criam raízes e florescem. É por meio da conversa e da química que relacionamentos românticos duradouros criam raízes, florescem e dão frutos. Quanto não há química, não importa o esforço que se faça, pois continuará sendo uma batalha difícil e muitas vezes inútil.

Quando você encontra alguém por acaso ou por encomenda pela primeira vez em uma área aberta, deve ser capaz de encontrar pelo menos três coisas que vocês têm em comum no primeiro minuto; para isso, faça perguntas abrangentes, preste atenção e siga os indicadores. Em uma área social segura e fechada é ainda mais fácil, porque você pode adicionar frases à sua introdução livremente e obter mais informações voluntárias, apertar as mãos ou abraçar a pessoa e fazer mais perguntas pessoais sobre feriados, filmes, comida, viagens, roupas, música, família, esportes, livros ou qualquer outra coisa.

Quando éramos crianças, tínhamos uma capacidade incrível de incomodar nossos pais e professores com perguntas: "O que é isto?", "O que é aquilo?". Conforme crescemos, a curiosidade instintiva com a qual nascemos, e que nos trouxe tantos problemas quando éramos crianças, vai enferrujando. O que você deve fazer é limpá-la, revigorá-la e desenvolver sua curiosidade natural. Preste atenção no mundo ao seu redor. Descubra o que faz as pessoas terem um determinado comportamento; peça a opinião delas ("O que você acha da nova lanchonete que foi inaugurada na Avenida Tiradentes?"); leia o jornal; informe-se sobre os eventos atuais para que você possa dar sua opinião (ou, melhor ainda, pedir a opinião dos demais) sobre esportes, notícias, destinos turísticos do momento, sobre o novo urso polar no zoológico. Faça elogios *sinceros* sobre a gravata, joias, loção pós-barba ou qualquer outra característica e depois pergunte onde a pessoa comprou aquele objeto. Se a outra pessoa não se esforçar para corresponder ao nível da sua conversa, vocês não são compatíveis. Se não conseguir encontrar pelo menos três coisas boas em comum, você se encontrará em um momento de seleção/rejeição e deve seriamente considerar procurar outra pessoa.

Pratique suas habilidades de comunicação e deixe a pessoa confortável ao fazer perguntas abrangentes. Preste atenção, dê um feedback de qualidade, siga os indicadores, busque informações voluntárias e afinidades. Sincronize sua linguagem corporal e seu tom de voz com a pessoa em suas aventuras românticas e você ficará cada vez mais natural e relaxada, conforme conhecer mais e mais pessoas e a química começar a fluir.

Agora que você sabe como aumentar as chamas da conversa e sincronizar para que haja química, reforçaremos suas possibilidades de conseguir uma química e exploraremos os vários artifícios da paquera.

Exercício 8

Sincronize-se para conseguir uma ótima sintonia

De todos os exercícios deste livro, o próximo é o mais fácil de aprender e, sem dúvidas, o mais poderoso quando se trata de deixar a outra pessoa à vontade. É também uma das melhores maneiras para se recuperar de uma má primeira impressão e restabelecer o conforto e a confiança.

Uma advertência: frequentemente as pessoas vêm até mim, quando eu dou palestras, e dizem que tentaram realizar este exercício após terem me ouvido descrevê-lo anteriormente e começaram a cair na gargalhada quando perceberam como ele era fácil. Prepare sua expressão de pôquer!

Esta é a história: em meus workshops, sempre convido um voluntário para ir ao palco e peço que ele ou ela se sente em uma das duas cadeiras que estão de frente uma para a outra, a uma distância de mais ou menos dois metros. Depois que a pessoa se senta, sento-me na outra cadeira e reflito sua posição. Se suas pernas estiverem cruzadas, eu cruzo as minhas; se ela estiver levemente inclinada para o lado, faço a mesma coisa – estilo espelho. Se ela acenar levemente e sorrir, faço o mesmo. Estamos sincronizados de uma forma natural. Depois peço que ela fique de pé e se encoste na cadeira de uma forma confortável. A pessoa faz isso e eu faço o mesmo – também de uma forma natural. Conversamos durante cinco ou dez segundos, cruzo meus braços e adivinha o que acontece? Ela também cruza os braços. A plateia ri porque percebe o que aconteceu, embora a pessoa não tenha se dado conta. Estamos na mesma sintonia: sincronizados, relaxados e confiantes.

Parte 1: Sincronizar a linguagem corporal

Durante um dia, proponha-se a sincronizar-se com a linguagem corporal das pessoas que você encontrar. Não deixe transparecer o que você está fazendo, apenas aproveite a experiência. Preste atenção nos ombros, nos braços, nas pernas e no tronco de cada pessoa e comece com os movimentos maiores:

cruzar os braços ou as pernas, inclinar-se para a frente ou para trás etc. Essa é a maneira mais fácil de estabelecer confiança e comunicação. Mas lembre-se de não exagerar. *Faça apenas o que for necessário para se adaptar à outra pessoa.*

Parte 2: Praticar e interromper a sincronização

Quando você se tornar boa na sincronização da linguagem corporal como um todo – e um dia você se tornará uma especialista – pratique a sincronização por, aproximadamente, 30 segundos, depois a quebre por 30 segundos (pare de gerar uma correspondência e de refletir a pessoa e use o seu corpo e voz de uma maneira diferente da que ela está usando), e depois sincronize novamente. Passe por esse ciclo algumas vezes. Você sentirá que o nível de confiança, concentração e intimidade diminuirá significativamente no momento em que interromper a sincronização e retornará com toda a força quando você reiniciar a sincronização.

Capítulo 9

A arte da paquera

A paquera é mais do que diversão – ela é fundamental. Toda a nossa sobrevivência como espécie depende da conexão humana. Se pararmos de paquerar, de nos apaixonarmos e reproduzir, em breve desapareceremos. Ainda que a natureza tenha nos fornecido todas as funções necessárias para nos salvarmos da extinção, nem todos sabem como usá-las da melhor forma. Isso é particularmente verdade no que diz respeito à paquera.

Charlene, uma gerente com um vasto guarda-roupa, e Kira, uma fisioterapeuta, chegam cedo à popular boate Zest para conseguir uma mesa no centro, com uma ótima vista para o bar e para a pista de dança. Em pouco tempo, as pessoas vão chegando e o lugar fica cheio. As duas mulheres estão muito bem-vestidas e parecem se sentir à vontade. Enquanto Charlene conversa com Kira, analisa o lugar e brinca com alguns fios de seu cabelo. Frequentemente, ela movimenta seu corpo e de vez em quando coloca os cotovelos sobre a mesa e apoia a cabeça nas mãos, faz biquinho e paquera os homens que ela considera atraentes. Charlene acha que está sendo sensual, mas não está. Ela está fazendo o que muitas pessoas, homens e mulheres, fazem quando estão à procura de parceiros: confundem sensualidade com simpatia. Na realidade, suas ações a estão fazendo parecer mais insegura e infantil, passando uma impressão de imaturidade.

Kira, do contrário, parece equilibrada e serena. Na maior parte do tempo, fica sentada com Charlene e quieta, com a cabeça levemente abaixada, mas sem perder o contato visual. Ocasionalmente, enquanto toma seu coquetel, seus olhos observam por cima dos óculos e lentamente vai captando o lugar. Na realidade, se você observar de perto, Kira parece agir com a metade da velocidade de Charlene. Ela parece confiante e segura e libera uma energia sexual madura.

Kira avistou Harvey, um rapaz que ela viu recentemente em uma festa, mas nunca o conheceu apropriadamente. Ela estava próxima o suficiente para ouvi-lo conversar sobre velejar nas Bahamas e o achou atraente e interessante (Kira adora velejar). E aqui está ele com alguns outros rapazes, encostado no bar. Kira o mantém em sua visão periférica e espera ele olhar em sua direção.

Assim que ele olha, Kira conta até três, pede licença, levanta-se e anda em direção às escadas até o balcão, ela passa por Harvey e seus amigos, inclina sutilmente o quadril e abaixa um pouco a cabeça. (Por que a cabeça abaixada? Porque nós, humanos, parecemos ficar mais intrigados pela vergonha do que pela ousadia.) Depois os olhos de Kira se fixam em seu alvo por um rápido momento. Ele a vê. No momento em que ela percebe que Harvey a notou, ela olha em outra direção, de uma maneira tímida. Mas antes de Harvey ter um tempo para reagir, Kira olha para ele novamente, desta vez fechando os olhos muito lentamente e querendo sorrir. Harvey entende a mensagem.

A rotina de promessa-privação é o segredo da paquera e é usada para criar um estímulo.

O que você acaba de observar é o que os cientistas chamam de *rotina de promessa-privação* por parte de Kira e uma *reação ao estímulo* por parte de Harvey. A criação de um estímulo tem tudo a ver com tensão e liberação, seja em relação a filmes de terror, montanhas-russas ou sexualidade humana. A rotina de promessa-privação que Kira usou com Harvey é o segredo da paquera e é usada tanto por homens quanto por mulheres para criar um estímulo. Sua dinâmica é exatamente o que o nome indica: dar atenção, depois retirá-la, depois dar atenção novamente – tensão, liberação, tensão; contato visual, olhar para outra direção, contato visual. Um olhar não necessariamente significa alguma coisa, mas Kira andou de uma forma provocante, deu a Harvey um segundo olhar e sorriu com a cabeça levemente abaixada para sugerir timidez. Tudo isso se resume em um sinal inconfundível de interesse. Homens e mulheres de todo o mundo usam essa rotina básica, baseada no caminhar de uma mulher ou no andar de um homem, acompanhada pelo contato visual e por um sorriso para indicar e estimular o interesse em outra pessoa.

Kira oferece silenciosamente um convite e, pouco depois, Harvey responde, ele sobe as escadas até o balcão, onde pode claramente ver Kira olhar para baixo em direção à pista de dança. Ele olha nos olhos dela, sorri, e se apresenta.

– Outra bebida? – Harvey pergunta.

– Obrigada – Kira sorri e responde –, mas estou aqui com uma amiga e estamos comemorando sua promoção, então eu tenho que voltar para ficar com ela.

– Bem – Harvey responde –, você poderia me convidar para comemorar com vocês. Na realidade, eu ficaria feliz em comprar um champanhe. É sempre bom ter uma boa desculpa para comprar champanhe. – Ele ri.

Ainda que Kira saiba que Charlene não se importaria se ele se juntasse a elas, ela diz:

– É muito generoso da sua parte, mas combinamos que esta seria uma noite só nossa. Você sabe, para pôr as fofocas em dia. – Ela inclina a cabeça, olha para ele rapidamente, e depois desvia o olhar.

– O que você acha de nos encontrarmos amanhã, no mesmo horário e no mesmo lugar, ou no mesmo horário e em um lugar diferente, ou...?

Kira ri.

– Desculpe-me, amanhã eu não posso, mas se você me der o número do seu telefone, posso ligar para você depois de verificar minha agenda. Tenho certeza de que poderemos fazer alguma coisa em algum momento.

A verdade é que Kira sabe que Charlene não se importaria se ela passasse um pouco mais de tempo com Harvey. Ela tampouco estará ocupada na noite seguinte – tudo o que ela planejou foi lavar roupa. O que Kira faz é usar o universalmente conhecido *princípio da escassez* como parte de sua estratégia de paquera.

O princípio da escassez: como ficar mais intrigante

No geral, os seres humanos querem mais do que podem ter, portanto uma maneira simples de se tornar mais desejável é usar o princípio da escassez. A ideia é dar a impressão de que você é popular e está sendo bastante requisitada.

Nem sempre conseguirá o que quer

Se você pudesse ser uma mosca na parede do Oggi, um popular salão de beleza em Kansas City, você se divertiria ao perceber que a recepcionista trata os clientes, novos e velhos, da mesma forma. É algo assim:

– Oggi, bom dia.

– Oi Bethany, aqui é Ella Fosco.

– Olá, Ella, como você está?

– Bethany, preciso de um favor. Você pode me encaixar na quinta-feira às 11 horas da manhã?

Bettany verifica a agenda e vê que esse horário está disponível.

– Desculpa, Ella, esse horário já está ocupado, mas posso abrir uma vaga para você às 10h30 ou ao meio-dia. Algum desses horários está bom para você?

– Muito obrigada, Bethany. Vou aceitar o de 10h30. Você não sabe como estou grata. Estarei aí sem atraso.

O fato é que praticamente você nunca conseguirá o horário que deseja no Oggi, mesmo se ele estiver disponível, a menos que agende com semanas de antecedência. Por quê? Porque os donos compreenderam o princípio da escassez e

> sabem que, quando as pessoas pensam que algo é bastante procurado, sua percepção do valor aumenta – e faz que elas continuem voltando.

Sim, as pessoas (e anunciantes) usam essa tática o tempo inteiro, mas nossa reação já é tão instintiva que nunca paramos de ser enganados por ela. Por exemplo, todos sabem que é notoriamente difícil conseguir reservas nos melhores restaurantes, mas isso não ocorre necessariamente porque todas as mesas estão de fato ocupadas. Da mesma forma, estilistas de moda são muito detalhistas no que diz respeito aos lugares onde suas linhas são vendidas no mercado e suas etiquetas com preços altíssimos servem para excluir a maioria dos compradores. Quando os anunciantes de rádio, televisão e jornais nos bombardeiam com afirmações como: "Enquanto durarem os estoques", "Limite de dois itens por cliente", "Edição limitada" e "Promoção válida apenas até domingo", eles estão usando o princípio da escassez.

Utilize o princípio da escassez

E como tirar vantagem desse princípio faz alguém se apaixonar por você? O princípio aumenta seu "valor" nos estágios iniciais de um relacionamento, faz você parecer rara, preciosa e digna de ser cortejada.

Voltemos ao cenário do Zest. Na pista principal, o clube está lotado. Carlos e seu sobrinho Jason, que trabalha com o cumprimento de leis, acabaram de chegar e estão sentados no final do bar, tomando algumas cervejas. Eles notaram Charlene sentada sozinha na mesa, ainda fazendo biquinho e olhando fixamente para os homens que ela considera atraentes. Seu comportamento não especificamente os atrai, mas há algo nela que parece incerto e desagradável. Os olhos deles se movem por algumas mesas, até encontrar uma mulher que também está sentada sozinha. Dana não está mexendo no cabelo de uma maneira evidente, tampouco se movimenta para tentar ser simpática. Ela olha o cardápio de bebidas em sua mesa e levanta o olhar ocasionalmente, mas sem direcioná-lo aos rapazes.

– Aquela é uma mulher bonita – diz Carlos. – O que você acha? Você está solteiro há pelo menos seis meses.

Jason ri.

– Sim, ela é muito bonita, mas eu não sei... – ele recua.

– Eu tenho um método infalível para conhecer uma garota em uma situação como esta. Usei muito quando tinha sua idade e funcionava quase sempre. Na realidade, foi assim que conheci sua tia Luísa. Primeiro você localiza uma garota. Não faça contato visual com ela. Simplesmente pare e olhe ao redor, depois olhe para outro lado. Certifique-se de que ela perceba que você está à procura de alguém e depois vá embora. Um minuto depois você vai até ela e diz: "Estive procurando por você em todo lugar. Eu a vi na fila (ou no meio da multidão, ou em qualquer outro lugar) e simplesmente tinha que lhe dizer que você é absolutamente linda. Esta não é uma cantada brega. Só queria lhe dizer que você é muito bonita".

Jason ri e balança a cabeça, mas Carlos continua.

– Preste atenção, isso funciona. Depois que falar isso ela poderá agradecê-lo ou dizer qualquer outra coisa, mas você deve pedir licença educadamente e sair. Sair na mesma hora mostrará a ela que você é um cavalheiro e não está interessado em pressioná-la. Isso a deixará mais confortável. Aproximadamente uma hora depois, você a localiza, faz contato visual novamente e sorri. Se ela gostar de você, ela virá ao seu encontro – isso realmente funciona. Não subestime o galanteio ou os elogios.

Jason ri novamente.

– Bem, tio Carlos, acho que você está certo ao dizer que a maioria das mulheres quer se sentir bonita, inteligente ou talentosa, mas os tempos são outros. Minha geração realmente não acredita em cantadas. Quero dizer que, se você quiser usar uma cantada, então repete algo que está acontecendo para que pareça mais natural. Mesmo se você disser: "Oi, estou tentando pensar em algo para dizer a você porque realmente quero conhecê-la", é mais verdadeiro e sincero que uma cantada que copiou de alguém ou que leu em um livro.

– Tudo bem, talvez você tenha razão – Carlos cede e faz um sinal em direção a Dana. – Então você vai conversar com ela?

Enquanto isso, Dana reparou os dois homens no bar, os quais parecem conversar sobre ela. Ela gosta do visual do mais novo, por isso ajeita sua postura, dá uma olhada para Jason enquanto abaixa a cabeça levemente e depois desvia o olhar.

– Acho que vou – diz Jason, levantando-se e indo em direção a Dana.

– Oi – ele diz. – Não conseguia parar de olhar para você, perdoe-me. Posso me sentar aqui por um minuto?

– Claro – Dana diz, sorrindo sutilmente. – Mas terá que ser realmente só por um minuto.

– Por que apenas um minuto? – Jason pergunta, enquanto se senta em uma cadeira. Seu tom de voz é leve e suavemente paquerador. Ele não quer parecer intrometido ou agressivo.

– Estou com outra pessoa e temos que colocar o assunto em dia – Dana diz, notando que Jason não se apresentou. Alguns rapazes consideram isso uma disputa por poder, mas ela sabe disso.

Jason pega o pequeno grão de informação livre que Dana ofereceu e espera poder usá-lo para manter o fluxo da conversa, sem recorrer aos clichês usuais. Ele continua com o tom de voz suave.

– Isso significa que vocês andaram se envolvendo em aventuras ultimamente?

Dana ri.

– Depende da sua definição de aventura. Uma de nós finalmente encontrou um ótimo apartamento e a outra conseguiu a oferta de emprego que queria, mas pela qual não estava esperando. – Ela olha nos olhos dele e depois desvia o olhar.

– Hmmm. E você conseguiu o apartamento ou a oferta de emprego?

– A oferta de emprego.

– Parabéns – Jason diz, sorrindo.

– Minha amiga está voltando. – Dana sorri amigavelmente para Jason.

Obviamente, Dana poderia convidar Jason para ficar em sua mesa, mas, em vez disso, ela usou o princípio da escassez. Jason pergunta se ela gostaria de sair na sexta-feira seguinte. Coincidentemente, Dana estará ocupada naquela noite. Jason pede o número do telefone dela, mas ela responde:

– Meu nome é Dana. Passe-me seu número e eu ligo para você. – Ela não apenas melhorou seu valor, como também ficou no controle neste possível relacionamento.

Cantadas manjadas = cantadas ruins

Não acredito em cantadas de má qualidade ou em atitudes bregas, ensaiadas e refinadas. Cantadas como: "Espero que saiba fazer a reanimação cardiopulmonar, porque você tirou meu fôlego" e "Existe algum aeroporto aqui por perto ou é meu coração que está decolando?" estão completamente fora de moda. A maioria das pessoas não se sente encantada nem enganada por nenhuma delas. Dependendo das circunstâncias, perguntas simples como: "É a primeira vez que você vem aqui?", "Você gosta dessa aula?" ou "Acabei de ler este livro. O que você está achando dele?" têm mil vezes mais chances de funcionar – desde que você seja sincera, espontânea e autêntica.

Três tipos de paquera

Podemos classificar a paquera em três tipos principais: pública, social e reservada. A paquera pública é normalmente uma maneira espontânea, divertida e inofensiva de iluminar o dia de alguém, adicionar uma pequena diversão à vida ou a um relacionamento e, geralmente, espalhar um pouco de felicidade no ar. A paquera social (o tipo que você acabou de ver no caso de Dana e Jason) agrega um elemento sexual à mistura, que sinaliza interesse. A paquera reservada é particular, irradia charme e aumenta suas chances de fazer alguém se apaixonar por você em 90 minutos ou menos. Naturalmente, sua atitude, roupas, autoconfiança e personalidade contribuem para sua habilidade de paquerar, mas tanto para um homem quanto para uma mulher, gerar e enviar mensagens sexuais por meio de uma energia sexual madura é essencial para tornar-se mais irresistível a um parceiro.

Espaço pessoal

Todos nós andamos dentro de um casulo invisível conhecido como nosso espaço pessoal: quanto mais distante uma pessoa está de nós, menos ameaçadora ela é; quanto mais próxima ela fica, mais desconfortáveis nos sentimos – a menos que já tenhamos decidido deixá-la entrar em nossa vida.

Culturas diferentes possuem normas diferentes de espaço pessoal. Para os norte-americanos, os círculos concêntricos de defesa começam com, aproximadamente, 200 metros de distância (mais longe do que isso é espaço público) e, a partir daí, o comprimento de um braço (espaço social), depois o comprimento do antebraço (espaço pessoal) e, finalmente, o comprimento de um pé ou algo parecido (espaço privado). Um dos maiores erros que você pode cometer durante qualquer primeiro encontro é julgar mal o espaço pessoal de alguém e fazer que os sistemas de defesa emocional da pessoa sejam ativados. Em algumas situações cotidianas (em um trem ou em um elevador lotado ou quando estamos sentados no teatro), somos capazes de desativar essas defesas, mas quando estamos paquerando, nossos sentidos ficam aguçados e qualquer intrusão inesperada pode ser um grande problema.

A sensualidade é o que separa os homens dos garotos e as mulheres das garotas. Garotos e garotas procuram beleza, mas homens e mulheres adultos, com seu ar de confiança, segurança e mistério, exalam a verdadeira sensualidade.

Compreender a diferença entre simpático e sensual é um hábito no mundo da fotografia de moda, principalmente quando se fotografam pessoas para a capa de uma revista. Pessoas bonitas, adoráveis e carinhosas têm seu lugar, mas não tem como compará-las com pessoas sensuais e atraentes. Você vê pessoas bonitas na capa da revista *Capricho*; e vê pessoas sensuais na capa da *Nova* ou da *Vip*. Beleza é para crianças, adolescentes e filhotes de animais. Sensualidade é para adultos.

Paquera pública

Todos paqueramos de uma maneira ou de outra: brincando de esconde-esconde como se fosse com um bebê, provocando amigos ou pessoas amadas, surpreendendo-as com pequenos presentes, fazendo algo pensado e inesperado, fazendo-se de difícil, sendo modestos ou fingindo espanto ao ouvir uma história indecente. Esses são comportamentos divertidos e relacionados à paquera, programados para aumentar o estímulo e a curiosidade e atrair uma reação favorável. Em muitas situações, você provavelmente nem se dá conta de que está paquerando. Você fala algo engraçado com uma mulher na farmácia ou brinca com o homem da lavanderia. O rapaz na padaria sorri e chama você pelo nome toda vez que a vê. Esses são tipos de interações humanas que são programadas para apreciar e reagir. A paquera pública é inocente, faz que nos sintamos bem (afinal, é uma forma de galanteio) e nos mantém em contato com outras pessoas. Não subestime a importância da paquera em sua vida diária.

Felizmente, você pode aproveitar oportunidades para paquerar em quase todos os lugares, a qualquer momento. Você pode paquerar por segundos ou minutos, seja no trabalho, em uma viagem, durante as compras, na igreja, em um jogo de bola, em um clube de música, em um funeral, em um casamento ou em uma reunião dos alcoólicos anônimos. Entretanto, cedo ou tarde decidirá que alguma pessoa com quem tenha paquerado merece uma atenção adicional e que você está interessada em descobrir mais sobre ela. Esse é o momento de tentar uma paquera social.

Paquera social

A paquera social é uma maneira amigável e divertida de mostrar a alguém que você o notou e está interessada nele, e pode indicar qualquer coisa, desde: "Oi, eu gosto do seu estilo, acho que poderíamos nos conhecer melhor" até "Prenda-me se for capaz e veja o que pode acontecer".

Quando pensamos em uma paquera social típica, normalmente imaginamos duas pessoas conversando em uma festa, um bar ou um clube. Ambas estão muito bem-vestidas, bebem seu vinho elegantemente, a câmera se aproxima de seus olhos, que enviam sinais inconfundíveis, enquanto as pessoas fazem observações sarcásticas e cheias de insinuações sexuais. Isso é ótimo, mas existem muitas formas mais simples e menos cinematográficas de paquera social. Tudo consiste em estabelecer uma conexão pessoal e fazer a química fluir. Você também pode usar um "olá" ou um "adeus" para enfatizar como se sente bem quando estão juntos. Ele pode emprestar o casaco a você, caso você esteja com frio. Você pode "acidentalmente" esbarrar nele ou encostar os ombros casualmente quando estiverem andando na rua. Olhe-o de relance. Elogie-o. Olhe-o com o canto dos olhos. Diga-lhe como ele ficaria bem naquele terno que está vendo na vitrine da loja.

Quanto menos, melhor

Se você foi a um leilão ou viu um em filmes, deve ter percebido que, quando os compradores experientes dão seus lances, por um lado, são muito sutis em seus gestos e expressões – ainda assim, suas ofertas sempre são notadas. Esses licitantes são confiantes, indiferentes e levemente misteriosos. Os amadores, por outro, são muito fáceis de identificar, pois acenam com as mãos ou com seus prospectos para garantir que sejam vistos. Observe o que os licitantes profissionais experientes fazem e aplique ao paquerar. Não seja controladora, óbvia, evidentemente sensível, e não mude seu jeito para conseguir atenção. Nesse campo, assim como em muitos momentos da vida, quanto menos, melhor.

Uma mulher pode enviar sinais sexuais ao lamber seus lábios levemente, tocar seu colar com os dedos, brincar com seu cabelo ou com suas joias, ou passar a mão por sua coxa. Um homem pode fazer a mesma coisa ao ajeitar a gravata, passar a mão no cabelo ou mexer a cabeça levemente.

Obviamente, existe uma linha tênue entre insinuação sexual excessiva e insuficiente. No geral, você deve tomar cuidado para que seu comportamento não envie sinais confusos ou prometa mais do que está preparada para oferecer. Se você expuser demais sua sensualidade na paquera social, provavelmente será vista como uma pessoa provocante e/ou simpática ou boba. Caso se exponha muito pouco, corre o risco de se tornar apenas uma amiga.

Paquera em ação

Vejamos um exemplo. Genna é uma pessoa naturalmente sociável e tem facilidade para conversar com estranhos. Enquanto aguarda um voo para Memphis no aeroporto de Baltimore, ela avista um rapaz que parece criativo e ao mesmo tempo prático – exatamente seu tipo. Ele veste uma camiseta preta e calça jeans, seu cabelo parece deliberadamente desgrenhado e sua bolsa preta de couro aparenta ser velha, mas ainda assim é elegante. Ele lê o jornal e ela nota que ele não está usando uma aliança. Ela se senta em frente a ele, dentro de seu espaço social, e sente-se confortável. A cena se desdobra.

Enquanto mexe no cabelo, Genna "percebe" que seu brinco esquerdo sumiu. Ela olha para seu colo, depois ao redor da cadeira e embaixo das cadeiras próximas a ela. O homem por quem ela se interessou percebeu seu dilema e Genna vê que ele está sorrindo. Ela atraiu sua atenção. Ela olha diretamente para ele, um pouco envergonhada, e balança a cabeça.

– Perdi um brinco em algum lugar.

Ele se oferece para ajudar, mas eles não conseguem encontrar o brinco.

– Você estava com o brinco quando chegou aqui? – ele pergunta enquanto ela se senta novamente. Ele também se senta, mas, neste momento, diz: – Posso? – E senta na cadeira ao lado. Ele sabe que entrar no espaço pessoal ou privado de alguém pode fazer a pessoa se sentir desconfortável ou até mesmo intimidada (veja o quadro "Espaço pessoal").

– Não tenho certeza. Espero não tê-lo perdido na galeria. (Observação: informação livre!).

– Como ele é?

Genna vira a cabeça, aproxima-se um pouco mais e joga o cabelo para trás, mostrando a ele o outro brinco.

Todos podem paquerar

Se você se sente desafiada pela arte da paquera ou não se acha atraente, inteligente ou interessante o suficiente para se dar bem, não se preocupe. A paquera, em geral, está mais relacionada com o bom-humor e com a vitalidade do que com ombros largos ou um rosto bonito. A Dra. Monica Moore, psicóloga da Webster University, em St. Louis, realizou uma pesquisa sobre técnicas de paquera usadas em bares, shoppings e lugares aos quais pessoas jovens vão para se conhecer. Ela concluiu que não são as pessoas fisicamente mais atraentes que são abordadas, mas sim aquelas que sinalizam sua disponibilidade e confiança por meio das técnicas básicas de paquera, como contato visual e sorrisos. O simples fato de indicar seu interesse por alguém coloca você na metade do caminho, e isso serve tanto para homens quanto para mulheres.

Depois de uma conversa geral, durante a qual ele pergunta pela galeria e descobre que Genna estará em Memphis a negócios por quatro dias, ele a convida para um encontro. Ele mora lá, portanto, conhece todos os lugares interessantes.

Ela diz que não, pois precisará consultar sua agenda antes, mas pede o número de telefone dele. Obviamente, esta não é a primeira vez que Genna perdeu um brinco ao sentar-se perto de um rapaz atraente! Ao envolvê-lo em uma emergência divertida, ela o atraiu para uma conversa, conversou o suficiente para saber que está realmente atraída por ele, projetou um momento sexual sutil (aproximando-se o suficiente para mostrar o outro brinco) e o conduziu a convidá-la para sair. Caso, no final, ela decidisse que não estava interessada, poderia ter se aproximado menos ou, se chegasse a esse ponto, poderia recusar o convite para encontrá-lo. Eles teriam continuado a conversa por alguns minutos e depois desejariam um voo agradável um ao outro e seguiriam caminhos separados.

Paquera reservada

Agora que passamos pelos princípios que estão por trás da antiga e respeitada arte da paquera, chegou a hora de colocar esses princípios em prática por meio da paquera reservada. Ao contrário da paquera pública e social, a paquera reservada trata estritamente da atração sexual – não do tipo que serve para consumo público, mas sim do tipo cara a cara. Trata de duas pessoas que detectam e respondem à energia uma da outra.

Quando você está com alguém que pode ser seu oposto compatível e o tempo começa a passar, é melhor saber como paquerar cara a cara e mostrar seu charme e sua sensualidade; do contrário, seu relacionamento pode facilmente entrar no modo "apenas amigos". Considere esta próxima seção como o *Kama Sutra* da paquera.

Fortaleça suas vibrações sexuais

Para chegar ao amor, você precisa aprender a concentrar e preparar sua energia sexual para depois oferecê-la como parte do seu pacote geral de personalidade. Parece intimidante? Na verdade é bastante fácil e divide-se em quatro partes, as quais chamo de atividade física, pés no chão, olhares e prática de paquera.

Atividade física

Praticar alguma atividade física ajuda a entrar em contato com seu corpo por meio do exercício – uma necessidade, já que a sensualidade está profundamente conectada à nossa parte física e animal. Para conseguir uma paquera reservada eficaz, você precisa estar profunda e visceralmente sintonizada com essa parte sua.

Você pode já ter se envolvido em uma nova atividade física como parte do seu plano de ação de socialização, mas, se ainda não o fez, matricule-se em algumas aulas. Mesmo um programa de uma ou duas semanas servirá. Paraquedismo, *kickboxing*, dança do ventre, ioga, tênis, levantamento de peso, *tae kwon do*, aulas de rumba – qualquer atividade na qual seu corpo esteja 100% envolvido. Encontre o melhor instrutor ou a melhor associação. Seu instrutor será seu primeiro aliado na arte da paquera, pois a ajudará a conectar-se com a percepção do seu próprio corpo.

Se você fizer exercícios individualmente, evite distrações como assistir à TV ou ouvir música enquanto corre. Tente ouvir seu corpo ao circular sua atenção da pélvis ao estômago, do estômago ao peito, do peito à garganta e depois de volta à pélvis. Esse exercício colocará sua energia em movimento.

Pés no chão

Na história do começo deste capítulo, você percebeu que Kira se moveu na metade da velocidade de Charlene. Kira estava com os pés no chão; ela sabia como respirar. Quando você controla sua respiração, automaticamente acalma seus nervos e relaxa, o que, por outro lado, permite que controle sua mente e seu corpo e expanda seu potencial e sua energia.

Pode ser que em alguns momentos, quando estiver paquerando ou abordando pessoas, de repente se sinta nervosa ou ansiosa ou despreparada. Você tem vontade de sair correndo. Isso ocorre porque você entrou em pânico ou, no mínimo, seu mecanismo de luta ou fuga entrou em ação e involuntariamente a fez querer fugir. Quando esse mecanismo recebe sinais de que você está nervosa ou desconfortável com uma situação, ele começa a bombear adrenalina e transfere sua respiração para o peito, deixando-a literalmente pronta para sair correndo a toda velocidade. Infelizmente, seu parceiro pode perceber isso e também se sentir desconfortável, e todo o processo poderá desandar. Mas mantenha a calma.

Para conseguir uma paquera reservada eficaz, você precisa estar profundamente sintonizada com sua parte física.

Aqui entra a respiração abdominal (ou *inalação diafragmática*, como é conhecida tecnicamente), para ajudá-la a colocar os pés no chão. Não entrarei em detalhes sobre a vasta ciência por trás da respiração abdominal; basta dizer que, quando você respira e aplica pressão na barriga, seu diafragma é empurrado para baixo, o que permite que seus pulmões se encham de ar. Isso coloca mais oxigênio no seu sangue, diminuindo o esforço realizado pelo coração. Consequentemente, você desacelera, acalma aquela sensação de pânico e encoraja seu candidato escolhido a se apaixonar por você, sem mãos suadas e respiração pesada.

Além de ser a forma mais eficiente de respirar, a inalação diafragmática também massageia os órgãos abdominais a cada respiração e melhora a sua circulação, portanto adquira esse hábito para melhorar seu bem-estar emocional e físico. Durante os próximos dias, sempre que puder, coloque uma mão no peito e a outra no abdômen e pratique inspirar e expirar até que a mão sobre seu umbigo seja a única a se mover.

Olhares

A palavra *paquera* em seu significado corrente remonta à Inglaterra da metade do século XVIII, onde Lady Frances Shirley levou o crédito pela invenção do termo *paquera do leque*, para descrever as mulheres que usavam o ritmo de paquera de seus leques (em combinação com seus olhos e boca) para provocar e enviar sinais sexuais. O uso público do leque pode ter acabado, mas a paquera ainda se resume principalmente aos olhares.

A paquera começa com os olhos porque, como na maioria das comunicações cara a cara, seus sinais vão para onde seus olhos vão.

A paquera começa com os olhos porque, como na maioria das comunicações cara a cara, seus sinais vão aonde seus olhos vão. Depois disso, você pode paquerar com sua boca (um sorriso, um biquinho), com sua personalidade, com sua timidez ou com seu galanteio, ou com seu senso de humor. Você pode paquerar com palavras ou com alimentos e bebidas. Pode paquerar por negócios ou por prazer, com ou sem objetivos. As possibilidades são infinitas, mas primeiro você precisa enviar olhares. Quase todos sabemos o que acontece ao dirigir à noite e trocar os faróis altos pelos faróis baixos. Eles deixam de brilhar diretamente o que está a sua frente e ficam um pouco menores e mais espalhados; deixam de iluminar a distância para iluminar o espaço imediatamente a sua frente;

deixam de ofuscar os motoristas que vêm na sua direção, para que eles saibam que você os viu e que é seguro continuar avançando.

Você pode e deve fazer a mesma coisa quando está em um encontro. A técnica de paquera mais irresistível e sensual é fazer contato visual com seu companheiro, depois mover seu olhar, a cada cinco ou dez segundos, dos olhos dele para a boca, depois voltar. Era assim que uma paquera com leque seduzia os pretendentes, primeiro usava o leque para esconder a boca da mulher e revelar apenas seus olhos (enquanto ela olhava para os olhos do pretendente, depois para sua boca e novamente para os olhos), depois, enquanto ela o olhava nos olhos, abaixava o leque para revelar sua boca ao mesmo tempo que abaixava o olhar para ver a boca do rapaz. Todo o tempo ela usava o suave ritmo do leque para intensificar a insinuação sexual. Após um momento estimulante, ela cobria novamente a boca com o leque e voltava a olhar o pretendente nos olhos. Minha nossa! Se agregarmos uma suave inclinação da cabeça no momento certo e o mais leve abaixar da cabeça, teremos uma sinfonia do amor de uma linguagem corporal convidativa – tudo do pescoço para cima.

Não se preocupe com o leque, mas alterne seu olhar dos olhos para a boca de seu parceiro quando estiver em um encontro. É um movimento muito, muito sutil, mas não tenha dúvida: ele sinaliza sexo.

Você deverá praticar seus olhares, portanto escolha algumas pessoas de sua vida diária para testar essas técnicas. Tenha consciência do seu próprio corpo, respire baixo e lentamente pelo abdômen, sincronize sua linguagem corporal e envie alguns olhares enquanto vocês conversam.

Olhar e amar

"O amor estava a um olhar de distância", Frank Sinatra cantou na música *Strangers in the Night*, e como ele estava certo! Um lento e deliberado olhar em um salão lotado, ou, melhor ainda, enquanto você caminha lentamente em direção ao rapaz, mostrará a ele seu interesse. Mas lembre-se de que estamos falando de um olhar suave, não de um olhar fixo e duro ou de um olhar bobo ou louco.

Em um estudo para determinar os efeitos de um olhar mútuo em sentimentos de amor, pesquisadores da Universidade Clark, em Massachusetts, colocaram 48 pares de homens e mulheres, que não se conheciam, para olhar profundamente nos olhos uns dos outros, sem desviar o olhar por vários períodos de tempo. Os participantes relataram sentimentos significativos de afeto e até de amor apaixonado pelo parceiro.

Prática de paquera

Você não iria para o teste de motoristas sem praticar antes e não assaria um bolo de maçã para seu tio preferido sem antes testar a receita, então por que você iria a um encontro importante sem praticar antes? É aqui que entra seu próximo grupo de aliados de paquera.

Arranje dois ou três "encontros seguros" com pessoas com as quais se sente bem: um amigo, alguém que não vê há algum tempo, o irmão de alguém. Mas não escolha alguém com quem você já tem um padrão de comportamento bem-estabelecido, para não correr o risco de voltar ao padrão sem pensar. Esses encontros de baixo risco a ajudarão a praticar suas novas habilidades e a avaliar o que a faz sentir bem e o que precisa ser trabalhado, mas sem a ansiedade de um encontro real e sem expectativas reais. Quanto mais você pratica a paquera, melhor ficará, mas dois encontros de prática são o mínimo de que precisará antes de encarar um encontro de verdade com alguém que poderia ser seu oposto compatível. Alguns bons lugares para praticar um encontro seriam um curso de minigolfe, um boliche, o zoológico, uma exibição profissional, uma feira, uma aula de cerâmica, talvez até uma galeria de arte. Esse tipo de lugar oferece uma atividade que ajuda a quebrar o gelo e propicia um assunto sobre o qual conversar. Você não vai seduzir a pessoa ou fazê-la querer abrir mão de tudo por você, mas a fará sentir-se acolhida e atraída por você. Lembre-se de fazer muitas perguntas e compartilhar algumas informações pessoais. Busque momentos "Eu também" e tente um ou dois toques incidentais. Aja como um adulto, tenha consciência do seu corpo e da sua sexualidade, pratique seus olhares, respire pelo abdômen, sincronize, divirta-se e, acima de tudo, *mantenha a conversa e o clima otimistas e positivos.*

Agora ele está falando sua língua

Uma das formas mais profundas de ser compatível com outra pessoa é pela maneira como vocês dois entendem o mundo ao seu redor. Fazemos isso ao tomar as informações do mundo exterior por meio dos nossos sentidos e depois expressar essas experiências sensoriais em palavras.

Em nossa vida diária, apoiamo-nos principalmente em três sentidos: visão, audição e tato (ou, mais amplamente, sensação física). Quando passamos pela infância, começamos, sem perceber conscientemente, a desenvolver um favoritismo entre nossos sentidos para ajudar a entender o mundo: algumas pessoas se apoiam mais na *aparência* das coisas, outras no *som*, e outras na *sensação* das coisas. Apesar de os opostos compatíveis normalmente não serem compatíveis em suas preferências primárias, veja um exemplo de como isso é importante quando você quer que alguém se apaixone por você.

Ben decidiu que pode ler suas notas para a apresentação de amanhã tão bem em uma cafeteria na beira do mar quanto no escritório. Agora ele está sentado no pátio, tentando não se distrair muito com o colorido desfile de pessoas que caminham, andam de patins ou passeiam com o cachorro pela passarela. Jackie, uma estudante universitária que vem aqui o tempo todo na primavera, está na mesa ao lado preparando-se para uma prova.

Quando o garçom se aproxima, Jackie pede um café expresso duplo e uma fatia de torta de amêndoa. Sem perceber (talvez), Ben pede o mesmo. O garçom percebe e mentalmente encolhe os ombros. Quando ele volta, coloca o pedido de Jackie na frente dela e diz: "Um café expresso duplo e uma torta de amêndoa", depois vai até a mesa de Ben e diz a mesma coisa, exatamente da mesma forma. Ben e Jackie se olham e riem.

Vinte minutos depois, o garçom volta. Ben pede outro café e aproveita a oportunidade para inclinar-se para a frente e perguntar a Jackie: "O mesmo pedido?".

"Obrigada. Talvez mais tarde." Ela sorri.

Depois de aproximadamente uma hora e de uma divertida paquera por meio de contato visual e sorrisos, Ben e Jackie começam a conversar. O dia está quase acabando. Ben cria coragem e decide avançar um pouco mais.

Aonde ir em um encontro?

Antes de tudo, um encontro requer conversa. Isso exclui cinema, eventos esportivos e outros lugares muito barulhentos (ou muito silenciosos). Ao planejar qualquer encontro real, pergunte-se estes quatro tópicos:

- É um lugar onde ele se sentirá seguro?
- É algo que ele curtirá?
- É um lugar onde poderemos conversar?
- É diferente? Esse não será um evento normal; deve ser especial, para vocês dois. Normal é fácil; está por todos os lados. Este evento precisa de um contexto original.

Lembre-se de que, se você conheceu seu oposto compatível, poderá recordar e falar sobre este encontro pelo resto da sua vida. Torne-o especial.

Mesmo sem perceber, Ben é uma pessoa *visual*, uma pessoa que aprendeu a ver o mundo através da aparência das coisas. "Você gostaria de caminhar pela praia para ver o pôr do sol?", ele sugere. "Adoro a forma como o céu muda de cor tão rapidamente, adoro ver as luzes acendendo nos cafés quando anoitece. É uma visão maravilhosa." Você percebeu? Ben está falando sobre a aparência das coisas.

"Não sei", Jackie responde. "Acho que não sinto o mesmo. Estou confortável aqui, vou ficar um pouco mais e depois tenho de ir embora. Mas obrigada." Ela disse *sinto* e *confortável*? Talvez Jackie não consiga se relacionar facilmente com o pequeno esboço do pôr do sol de Ben. Por quê? Porque Jackie é do tipo sensível, que aprendeu a confiar mais na sensação das coisas e a tomar decisões de acordo com essa percepção. Jackie é *sinestésica*.

Felizmente, Ben leu sobre as diferentes formas pelas quais as pessoas processam experiências, por isso reconheceu a escolha de palavras de Jackie e também percebeu suas roupas confortáveis e largas. Ele também percebeu que ela fala lentamente e com frequência olha para baixo quando está pensando. A forma de chegar ao seu coração, portanto, é dizer-lhe como seria a *sensação*, não o *visual* de uma caminhada pela praia durante o pôr do sol. Ben tenta novamente.

Quando passamos pela infância, começamos, sem perceber conscientemente, a desenvolver um favoritismo entre nossos sentidos para ajudar a entender o mundo.

"Você sabe o que eu mais gosto em uma caminhada na praia?", ele pergunta.

"Não", ela diz. "O quê?"

"A suavidade da areia e a forma como a água sobe pelos seus calcanhares e aquele tipo de neblina morna e salgada que flutua no ar ao seu redor. Entende o que eu quero dizer?"

Jackie inclina a cabeça e sorri. "Hmm. Agora você me fez sentir que eu mereço uma pausa. Por que não?" Ela fecha os livros e coloca-os na mochila. "Espere um minuto, vou ao toalete."

Se Jackie fosse uma pessoa *auditiva* em vez de *sinestésica*, ele teria percebido que seu olhar se movia da esquerda para a direita (em direção a suas orelhas) enquanto ela pensa, ou quando ela fala sobre o som das coisas. Nesse caso, ele teria feito bem em convidá-la para uma longa caminhada pela praia ao dizer algo como: "Sabe o que eu mais gosto em uma caminhada pela praia? O som das ondas quando elas quebram na areia, e aquele suave assobio quando as ondas tocam a areia, e as gaivotas cantando sobre o mar, e os sons da música que vem das lanchonetes, e...".

Quando você entra em sintonia com o sentido preferido da outra pessoa, não está apenas falando o mesmo idioma, mas também vendo por meio dos mesmos olhos, ouvindo através dos mesmos ouvidos e sentindo os mesmos sentimentos – e isso pode ser algo poderosamente sedutor.

Com qual descrição da caminhada pela praia você se identificou mais?

Como identificar as preferências sensoriais das pessoas

Pessoas visuais são aquelas pessoas ariscas e impecavelmente personalizadas que se vestem para impressionar e julgam os demais por sua aparência. Pessoas visuais tomam decisões rápidas, mas precisam ver evidências. Frequentemente olham para a esquerda e para a direita quando buscam respostas para questionamentos. Uma pessoa visual pode balançar as mãos quando conversa e possui uma voz monotônica e rápida, que parece vir da parte de cima do seu corpo. Pessoas visuais utilizam a linguagem das imagens, e dizem coisas como: "Vejo o que quer dizer", "Aquilo está com uma cara ótima", "Você consegue visualizar meu ponto de vista?", "Aquela ideia não está clara", "Este assunto está um pouco nebuloso", "Minha mente deu um branco", "Vamos tentar iluminar o assunto", "Precisamos de uma nova perspectiva", "Eu vejo desta forma", "Da maneira como vejo..." e "Olhando novamente desta perspectiva...".

Pessoas auditivas são relaxadas e elegantes em sua forma de se vestirem. Possuem uma voz mais melódica, suave, fluida e expressiva, que vem da área do peito. Gesticulam menos que as pessoas visuais e podem olhar de um lado a outro (em direção a suas orelhas) enquanto pensam no que dirão em seguida. Pessoas auditivas favorecem a linguagem do som e dizem coisas como: "Estou ouvindo você", "Aquilo soa como algo...", "Soa maravilhoso", "Tudo de repente se lincou e fez sentido", "Escute o que você está dizendo", "Algo me diz para ter cuidado" e "Posso realmente entrar em sintonia com o que você diz".

Não exagere

Em um estudo realizado na Universidade de Princeton, estudantes de ambos os sexos foram questionados sobre seus métodos de analisar uma pessoa quando a conhecem pela primeira vez. Excesso de ansiedade foi um dos desencantos mais informados. Não sorria demais, não tente ser genial demais, não seja educada demais e resista à tentação de ser condescendente. Se estiver tentando impressionar, será vista como falsa. Claro, seja amigável e sorria, mas evite ter um sorriso amarelo no rosto o tempo todo. As pessoas que não sabem quando parar de sorrir acabam parecendo inseguras e tolas.

Pessoas sinestésicas adoram sentimentos e sensações físicas. Elas se preocupam com o conforto em suas roupas e ambientes. Apesar de muitas pessoas sinestésicas terem um físico mais abundante, você também encontrará muitos atletas que são sinestésicos. Elas falam mais baixo, possuem uma voz e gestos agradáveis e tendem a olhar para baixo quando pensam no que dirão a seguir. Pessoas sinestésicas tomam decisões lentamente, prestam atenção em detalhes e falam em linguagem física, utilizam frases como: "Isto parece certo", "Vamos compreender as coisas", "Você está captando os conceitos?", "Estou contra a parede", "Aguente firme" e "Não posso colocar o dedo neste assunto, mas sinto que você está certo".

Lembre-se, paquerar é divertido

Algumas pessoas nasceram para paquerar, outras possuem habilidades de paquera naturais que parecem ir e vir dependendo da circunstância, e algumas simplesmente não têm ideia e precisam ser orientadas, mas todos temos esse potencial. A paquera pode ir de uma regular conversa agradável a um nível diferente, ou pode criar um ar de expectativa que diz: "Somos apenas nós dois". Você pode paquerar com seus olhos, sua boca, seu corpo, sua voz, sua sensualidade, suas palavras ou qualquer um dos seus sentidos.

A paquera pública é simplesmente uma questão de atitude, não precisa ser muito intensa. Todos os dias você entra em contato com pessoas, esteja em um bar, em um ônibus ou em uma aula de cerâmica. Portanto, faça contato visual, sorria e diga “Oi” se parecer apropriado. A paquera social envolve uma rotina de promessa-privação e é uma forma divertida de sinalizar que você está interessada em alguém. A paquera reservada trata de intensificar o bom humor e a conotação sexual, enquanto faz aquela pessoa especial se apaixonar por você. Se paquerar com segurança e sutileza, você se tornará irresistível.

Exercício 9

Homens se exibem, mulheres desfilam

Os homens que nunca assistiram ao filme *Embalos de Sábado à Noite* estão perdendo a melhor rotina de exibição já filmada: a famosa caminhada de John Travolta pela rua ao som de "Stayin' Alive", dos Bee Gees. Dica para os rapazes: alugue o filme e compre as duas cuecas mais caras e mais sensuais que conseguir encontrar. (Explicarei o porquê em um minuto.) Assista ao filme, vista sua nova cueca poderosa (e o restante das suas roupas!) e saia na rua para uma pequena exibição. Caminhe pela rua, pela passarela ou pelo shopping, com um sorriso no rosto e "Stayin' Alive" tocando na sua cabeça e tente fazer contato visual com todas as mulheres atraentes que você encontrar. Não pare até sentir-se o homem mais sensual da cidade. Mas lembre-se de ser sutil.

Dica para as mulheres: compre uma cópia de Tom Jobim e Vinícius de Morais cantando a música "Garota de Ipanema" e as duas calcinhas mais caras e mais sensuais que você encontrar. Aprenda pelo menos o primeiro verso de cor, até: "é a coisa mais linda que eu já vi passar". Depois vista uma das calcinhas e suas outras roupas e saia para desfilar. Leve o cachorro para passear ou caminhe até o trabalho ou até uma aula. Enquanto escuta a música em sua mente, abaixe a cabeça levemente, faça contato visual e sorria para os sortudos que serão agraciados com sua atenção.

Esse exercício é imprescindível. Você precisa trazer sua sensualidade à tona se quiser estabelecer uma conexão profunda com outra pessoa. Se não conseguir *sentir* sua sensualidade, ninguém mais o fará.

Ah, aqui está o motivo da roupa íntima cara e sensual: Porque você terá *aquela expressão* por todo o seu rosto, aquela que diz: "Eu tenho um segredo!". E eu disse para você comprar dois pares porque você vai usar o outro par novinho quando sair com seu oposto compatível. Isso deve deixar um sorriso no seu rosto!

Capítulo 10

Crie intimidade

Até agora, dedicamos um tempo considerável para compreender os sinais implícitos que transmitem confiança, conforto e respeito: contato visual, um sorriso sincero, linguagem corporal aberta, feedback físico e sincronização – pois você nunca se tornará íntima de alguém rapidamente a menos que estabeleça uma sintonia não verbal. Também passamos algum tempo aprendendo a conversar com alguém de forma a encontrar afinidades. Agora levaremos a conversa a um nível mais profundo e a usaremos para preparar o caminho para uma intimidade.

Direto para o coração

Uma boa conversa sincera, com você e seu parceiro com abertura e discussão de suas experiências, ideias, expectativas, sonhos e sentimentos, é a melhor maneira de criar intimidade emocional. A proximidade e a confiança que vocês compartilham evoluem para um sentimento maravilhoso: "apenas nós dois", que é a base de um relacionamento amoroso, pois gera compreensão e unidade, e leva rapidamente ao amor e à intimidade.

Para criar intimidade, é essencial a autoexposição. Basicamente, a autoexposição diz respeito à revelação de informações íntimas sobre si – suas experiências, ideias, expectativas, sonhos e sentimentos.

Em resumo, suas histórias. No entanto, essa não é uma via de mão única. O objetivo é que seu parceiro forneça o mesmo tipo de informação sobre si. A maneira mais fácil de incentivar essa retribuição é sincronizar sua linguagem corporal e seu tom de voz e dar um feedback. A sincronização gera confiança e conforto e o feedback faz que a pessoa sinta que realmente está sendo ouvida.

A intimidade emocional tem dois componentes principais: risco e compromisso – o primeiro porque você está se abrindo, o último porque, conforme se abrem, conectam-se emocionalmente. Pense em suas mãos e seus dedos. Quando seus dedos estão fechados, tudo o que pode fazer é juntar suas mãos, mas, quando seus dedos estão abertos, suas mãos podem ficar entrelaçadas e fortemente conectadas. Neste capítulo, aprenderemos a abrir os dedos emocionais com seu possível parceiro e entrelaçá-los. Vocês devem fazer isso alternadamente. A autoexposição é um convite à confiança. Existem níveis de risco envolvidos, mas, quanto maior for o risco, mais profunda será a confiança.

No geral, a autoexposição de *baixo risco* são aquelas informações pessoais que um bom amigo provavelmente sabe sobre você: o que você gosta e o que não gosta, quantos irmãos têm e coisas alegres sobre seu passado e seu presente, como hobbies e passatempos, seu jogo de tabuleiro favorito, a coisa mais boba que você já comprou. "Sinto-me mais feliz quando estou consertando o meu carro." "Sempre esqueço datas de aniversário." "Não consigo contar uma mentira para salvar minha vida."

As mentiras e os mentirosos que as contam

Se você contar mentiras, estará condenada. Já perdi as contas de quantas pessoas eu ouvi contar mentiras sobre si quando conhecem alguém. Elas sempre são ricas e donas de diversos negócios, ou estão prestes a assinar um contrato maravilhoso, ou são amigas de Michael Douglas, ou têm 29 anos – de verdade. Esse tipo de comportamento acontece tanto no mundo real quanto em namoros virtuais e é uma das piores coisas que você pode fazer. Mais cedo ou mais tarde, a pessoa que está tentando impressionar descobrirá a verdade e tudo estará acabado. Sem segunda chance.

A autoexposição de *médio risco* corresponde às informações pessoais que você normalmente não revela nem confia a qualquer pessoa: suas opiniões, seus sonhos e desejos, bons e maus julgamentos ou escolhas que já fez. Você pode revelar o que fez quando criança que lhe causou problemas, o tipo de comida que poderia comer todos os dias, suas formas favoritas de fugir da realidade. "Quando eu era mais nova, sonhava em ser jogadora de tênis, mas depois percebi que não tinha a energia necessária." "Eu vim para cá durante as férias há três anos e nunca mais fui embora." "O que eu realmente gostaria de fazer é deixar meu emprego e ir criar cavalos em Montana." Esse tipo de revelação os ajudará a conhecerem melhor suas compatibilidades. Assim, você será capaz de dizer se vale a pena passar mais tempo com essa pessoa e se há uma oportunidade real de confiança mútua.

A autoexposição de *alto risco* ocorre apenas ocasionalmente em um primeiro encontro. Ela envolve confiança e o compartilhamento de seus sentimentos mais profundos, e até mesmo de seus medos e inseguranças. "Às vezes eu me pergunto se as pessoas me acham interessante." "Sou a ovelha negra da família." "Estou muito velha para fazer joguinhos." O alto risco geralmente requer que você mude o tom otimista da autoexposição de baixo e médio risco para um tom mais sério. Apesar de a autoexposição de alto risco poder levar à confiança profunda e à intimidade, ela não tem esse nome por acaso. Pense bastante antes de revelar coisas que podem ser um desencanto completo para pessoas que ainda não a conhecem bem. E lembre-se, você não deve dizer esse tipo de coisa para qualquer pessoa, pois está construindo uma sintonia profunda e investindo emocionalmente em alguém que pode acabar sendo seu oposto compatível.

Algumas regras básicas

Quando sentir que é a hora certa para a autoexposição, é bom ter algumas coisas em mente, em vez de deixar escapar a primeira coisa que vier à sua cabeça. Lembre-se, seu namoro ainda está no modo de seleção/rejeição e você ainda precisa ser charmosa, e não alarmante. Pense em três ou quatro coisas que acha que ele entenderia e que talvez o fariam sentir da mesma forma. Quando chegar a hora certa, revele uma e veja o que acontece. Se a reação for boa, você pode partir para a próxima, alternando o compartilhar de sentimentos e de ideias.

Já que há riscos envolvidos nesse tipo de autoexposição, aqui estão algumas regras básicas:

1. *Aja com cautela e consideração, preste atenção no feedback que você recebe.* A fluidez deve ser natural e tranquila, sem surpresas e sem afirmações polêmicas, e o humor deve permanecer ótimo.
2. *Avalie seus tópicos. Compartilhe experiências* – as viagens que vocês já fizeram e coisas do tipo – essa é provavelmente a forma menos ameaçadora de autoexposição. Compartilhar *ideias* envolve mais riscos, uma vez que a conversa pode esquentar se vocês falarem sobre política, religião e valores. Compartilhar *sentimentos* é o tipo de revelação de mais alto risco, portanto seja sensível e moderada de acordo com sua compreensão da timidez da outra pessoa.
3. *Reveze.* Quando um de vocês revela algo, o outro deve responder da mesma maneira. Quando você conversa com um amigo, nem sempre é necessário que ele responda às suas ideias, experiências, expectativas e sentimentos. Na autoexposição, entretanto, você está pedindo que seu parceiro retribua. Lidar com isso é como um jogo de tênis, pois é necessário revezar, fortalecer o que vocês têm em comum e determinar o quanto realmente gostam um do outro, a cada revelação. Quando você terminar de falar, desvie o olhar rapidamente. Isso indica que já terminou. Quando olhar novamente para o seu parceiro, você o estará convidando a falar – e ele falará.
4. *Meça seus passos.* De certa forma, o processo de autoexposição é como um striptease emocional, mas ninguém vai além de suas roupas íntimas. Você não pega todas as suas informações confidenciais

e despeja tudo de uma vez sobre seu parceiro. Há poucas coisas que as pessoas estão preparadas para revelar sobre si no começo, e há poucas coisas que você deseja ouvir da outra pessoa.

Nervosismo em conversas

Às vezes, o nervosismo pode fazer você falar demais, ou de menos. Se você se sentir nervosa, pare e dê outro nome a esse sentimento – *agitada* soa muito melhor. Respirar pelo abdômen pode acalmar, e você poderá transformar sua agitação em um sorriso; diga para si: "Eu sou sempre agitada. Isso é *ótimo*".

Quando fica pessoal demais

A autoexposição é o segredo para a intimidade, mas há uma linha tênue entre expor sua alma e descarregar sua bagagem. Fique longe de tudo o que for desconcertante ou inapropriado socialmente. Esse não é o momento para mencionar que você gasta 100 dólares por semana em bilhetes de loteria, ou que sua mãe é cleptomaníaca, ou como é difícil comprar sapatos com joanetes como os seus. Você provavelmente já sabe disso, mas vale a pena repetir: nem pense em discutir seus namoros e envolvimentos sexuais anteriores, pelo menos até que vocês estejam completamente comprometidos um com o outro. E, ainda assim, tenha cuidado. Uma discussão sobre seu passado amoroso pode rapidamente gerar comparações, competição e insegurança.

Lembre-se do princípio da escassez e jogue uma carta de cada vez – um pouco de mistério é bom para o amor. Por um lado, se falar demais, diminuirá o mistério, aumentará suas vulnerabilidades e acabará parecendo patética, chata e definitivamente desinteressante. Por outro, se conversar muito pouco, mais cedo ou mais tarde deixará de ser misteriosa e se tornará um sacrifício. Você pode acabar se tornando tão arrogante ou distante e parecendo tão chata e sem sensualidade quanto a pessoa que não sabe quando ficar em silêncio.

Se você olhar cuidadosamente para um casal no momento em que eles se olham, perceberá que existe um padrão. Seus movimentos e características vocais se sincronizam. Há bastante contato visual, sorrisos, linguagem corporal aberta, observação, paqueras reservadas e uma ótima atitude. Mas também há um padrão para a maneira como a conversa flui. É algo assim:

1. *A conversa inicia com assuntos gerais. Conversa geral* é uma conversa leve ou casual que não trata de nenhum assunto em particular. Uma boa maneira de iniciar esse bate-papo é com uma afirmação de ocasião/lugar seguida de uma pergunta abrangente, como visto no Capítulo 6. O clima, as notícias ou esportes servirão – apenas não demore muito tempo.
2. *Rapidamente, a conversa geral se mistura a uma conversa divertida. Conversa divertida* é qualquer assunto engraçado ou divertido, desde uma observação divertida sobre o lugar ou a ocasião até algo engraçado que você tenha visto, lido, ouvido ou experimentado recentemente. Entrevistadores de TV na madrugada usam a conversa divertida o tempo inteiro – observe como eles fazem isso. Envolver-se na conversa divertida dará uma ideia do senso de humor do seu parceiro e de sua atitude em relação à vida.
3. *Depois de um tempo, a conversa se eleva para os níveis mais altos.* Comece com a conversa geral e com a conversa divertida como base, em certo ponto a conversa muda para uma autoexposição de baixo risco, médio risco e (muito ocasionalmente) alto risco.

Professores nos programas de entrevistas

Se você quiser aprender mais sobre padrões de comunicação, assista a programas de entrevistas e repare em como os entrevistadores são especialistas em manter o fluxo da conversa. Letterman, Conan O'Brian e Oprah são especialmente bons. Tente identificar os tipos de conversa (geral, divertida, de baixo e médio risco). Observe quando as mudanças entre esses tipos de conversa ocorrem. A maioria dos entrevistadores da madrugada (agora não estou falando dos entrevistadores sérios) muda de conversa geral para conversa divertida nos primeiros cinco a dez segundos com um novo convidado.

Esses programas são tutoriais gratuitos que podem ajudá-la a aprender e praticar a arte da conversa em sua própria casa, mas lembre-se de que a autoexposição nesses programas não é mútua, é unilateral. Tudo consiste em fazer que o convidado se abra. O entrevistador está lá como um facilitador. Existem exceções ocasionais, como no *Late Night*, quando Julia Roberts girou sua cadeira e ficou de frente para Letterman, em vez de olhar para a plateia. Ela entrou em sintonia com ele deliberadamente, olhou fixamente em seus olhos e o provocou em uma sessão sedutora de autoexposição, dizendo coisas pessoais e fazendo-o reagir da mesma forma. Ele ficou visivelmente surpreso com a energia que ela criou entre eles durante a exibição do programa.

Lembre-se de buscar um momento "Eu também" que possa levar sua conversa para outro nível. Esse momento pode e deve chegar bem cedo, durante a conversa divertida ou até mesmo na conversa geral. Preste atenção, pois, quanto antes isso acontecer, você terá seu gatilho para ir a uma autoexposição de baixo e médio risco. O gatilho "Eu também" significa que você passou do primeiro para o segundo nível em termos de intimidade.

Coloque em prática

Mário assistiu a um dos meus primeiros workshops sobre como fazer alguém se apaixonar por você. Um dia recebi um e-mail dele: "Sinto que devo lhe agradecer pelo sucesso que estou tendo em minha vida. Tudo começou quando participei de seu workshop em Toronto. Seu conselho evitou que eu seguisse o caminho errado. Desde então, encontrei meu oposto compatível e estou muito feliz. Adoraria tomar um café com você quando for possível. Obrigado novamente, Mário". Alguns dias depois, nós nos encontramos e ele me contou sua história. Alterei algumas de suas palavras para tornar sua história mais útil e, como você provavelmente imaginou, Mário não é seu nome verdadeiro.

Primeiro, um pequeno resumo: Mário tem 29 anos, fundou sua própria empresa quando tinha 22 anos e ficou rico rapidamente, após inventar um brinquedo que se tornou um dos mais vendidos. Logo ele criou dois novos brinquedos que também estavam indo bem, mas o divertido e amoroso inventor de brinquedos começou a se dedicar apenas ao trabalho, 18 horas por dia. Ele tinha problemas para conhecer mulheres e, quando conhecia alguém que achava atraente, tentava usar seu carro caro e suas roupas chiques como um atalho para se conectar. Agora ele está pronto para experimentar meu método.

Pessoas tímidas, cautelosas e reservadas

O que fazer se a pessoa com a qual você está não quer falar sobre si? Você pode sincronizar. Não há uma maneira mais poderosa de fazer que alguém se abra do que sincronizar a linguagem corporal, as características vocais, as palavras favoritas, a atitude, a respiração, e o ritmo. Isso a deixará no mesmo estado de espírito da pessoa. Aja com calma, faça perguntas sutis e seja paciente. Pessoas tímidas, cautelosas e reservadas tendem a ser sinestésicas, portanto fale sua linguagem. Você se lembra de Jackie na seção de preferência sensorial do Capítulo 9? Ela era sinestésica e Ben a conquistou quando falou sobre seus sentimentos em relação às coisas, em vez de sua aparência ou som.

> Se você for tímida ou reservada para revelar seus sentimentos, inicie lentamente, ou melhor, pratique com um amigo. Converse com ele sobre suas férias ou seu trabalho; fale sobre sua cidade natal ou seu restaurante favorito. Simplesmente descreva as coisas que você acha interessante. Quando começar a se sentir mais confiante, você pode incluir mais de sua personalidade, adicionar opiniões, talvez sobre um livro, um filme ou sobre as manchetes do jornal de hoje. Quando conseguir fazer isso de forma confortável, tente contar a alguém o que você sente por ele.

Mário encontrou Amanda diversas vezes na cafeteria próxima ao seu escritório, que ele frequenta todos os dias para comprar um café extragrande. Algumas vezes, eles conversaram sobre seus sabores favoritos. Após ter assistido a alguns dos meus workshops, Mário ficou bom em obter informações livres, o que o ajudou a descobrir que Amanda trabalhava como fisioterapeuta em uma clínica de lesões esportivas e que era uma ciclista amadora que participava de competições.

Mário gosta da energia de Amanda, de seu sorriso encantador e de seu corpo atlético. Ele se sente bem quando está perto dela e suspeita que eles podem ser opostos compatíveis. Ele quer convidá-la para sair.

Mais do que tudo, como eu disse, um encontro requer conversa, portanto Mário desconsiderou cinemas, eventos esportivos e outros lugares muito barulhentos (ou muito silenciosos). Enquanto ele filtra suas ideias, ele se faz as quatro perguntas do último capítulo:

- É um lugar onde ela se sentirá segura?
- É algo que ela curtirá?
- É um lugar onde poderemos conversar?
- É diferente?

Ele não quer que este seja um encontro normal, ele quer que seja um evento especial para ambos. Normal é fácil, está por todos os lados. Ele quer que este evento tenha uma conotação romântica.

Mário entra em ação

Mário decide convidar Amanda para pedalar até um evento à beira-mar. Sua programação cumpre todas as quatro condições e tem o bônus adicional: ele não precisará de sua BMW, portanto saberá se Amanda gosta dele simplesmente por quem ele é (tudo o que ele disse a ela é que trabalha no ramo de brinquedos, e não que é o inventor do *Super-Slugger Bongo Bat*, o terceiro brinquedo mais vendido na América do Norte naquelas férias).

Mário também pensou cuidadosamente em *como* convidar Amanda. Isto foi o que ele disse: "O que você acha de pedalar até aquele evento de rua em frente ao lago neste fim de semana? Eu não pedalo minha bicicleta há meses, então você terá de ir um pouco mais devagar, caso contrário me verá em uma clínica, em vez da cafeteria".

Mário seguiu algumas orientações ao programar esse plano. Ao deliberadamente adicionar afinidades (andar de bicicleta) e um pouco de humor (sua condição física), ele suavizou a pergunta e facilitou uma resposta positiva de Amanda. Romances precisam de incentivo no início, portanto a maneira como você convida alguém para sair é tão importante quanto a natureza do passeio em si. Quanto mais divertido, animado e único for seu convite, maior será a probabilidade de que a pessoa aceite.

O encontro

Mário combinou de encontrar Amanda em uma praça no centro, onde famílias levam seus filhos para alimentar os pássaros. Antes de iniciarem o passeio, eles começam a conversar sobre assuntos gerais.

– É tão bom sair de casa em um dia como esse – diz Amanda.

– Com certeza – ele responde. – Adoro sentir o sol na minha pele. Nossa, sua bicicleta é espetacular – ele acrescenta, e olha para a bicicleta chique de Amanda. Depois ele se vira para ela, sorri e, deixando o coração dos dois frente a frente, após certificar-se de deixar sua linguagem corporal aberta, ele diz: – Estou aliviado por você não ter trazido sua bicicleta de corrida.

Ela sorri, já inconscientemente sincronizando-se com ele, e depois olha para a bicicleta dele.

– A sua também não é tão ruim. Freios Shimano, câmbio bom. Pensei que você tinha dito que não se preocupava muito com isso.

– Eu ia pedalar meu triciclo, mas depois tomei coragem e peguei essa com duas rodas.

Amanda sorri e faz uma reverência, brincando.

– Estou honrada.

Eles definitivamente passaram da conversa geral para a conversa divertida e Mário está se divertindo, portanto decide revelar algo pessoal, mas não muito arriscado.

– Falando sério – ele diz –, eu me sinto bem em uma bicicleta. Adoro o vento em meu rosto e a sensação de liberdade quando pedalo.

Os olhos de Amanda brilham.

– Eu entendo o que você está dizendo! O momento em que me sinto mais feliz é quando estou pedalando.

Ela respondeu com uma autoexposição de baixo risco. Eles montam nas bicicletas e saem.

Na beira do lago, eles trancam suas bicicletas e caminham até o local do evento. Mário, que normalmente anda em um ritmo calmo, acompanha Amanda em sua caminhada ligeira.

– Ei, olha aquilo! – ele diz. Eles param e se juntam a uma multidão que observa dois rapazes em monociclos fazendo malabarismos com três ovos, uma frigideira e uma tocha acesa com gás butano. No final, eles conseguem três ovos fritos na frigideira e ainda estão em seus monociclos.

– Impressionante – diz Amanda. – Sabe que eu sempre quis aprender a pedalar um monociclo? Parece tão difícil.

– Verdade? Eu também! – Mário não consegue acreditar que chegou a um momento "Eu também" tão fácil e rapidamente. Ele realmente está dizendo a verdade.

– Você está falando sério? – Amanda se inclina em direção a ele enquanto diz isso e olha nos seus olhos.

– Estou, mas eu também sempre quis aprender a fritar um ovo.

Amanda ri, mas Mário nota que ela não está mais inclinada em direção a ele; na realidade, ela está desviando o olhar. Opa. Ele percebe tarde demais que, apesar de a piada ter sido engraçada, o momento foi ruim. Amanda havia acabado de voluntariamente revelar um pequeno sonho seu, ele havia dado um passo em direção a uma maior intimidade com o momento "Eu também", mas depois retrocedeu o diálogo ao fazer uma brincadeira.

Mas talvez ele possa se recuperar. Ele olha para ela. Agora ela observa um homem em pernas de pau que se aproxima. Mário percebe que talvez deva fazer uma autoexposição de baixo risco.

– É verdade, sabia? Quando eu era criança, adorava o circo, mas me encantei principalmente pelos palhaços que andavam de monociclos.

Amanda olha novamente para ele.

– Como assim? – ela pergunta, como se estivesse testando para ver se ele está falando sério ou se é apenas um palhaço, o tipo de homem que faz piadas constantemente. O vento joga uma mecha de cabelo sobre seus olhos e ela a coloca no lugar.

Mário diz:

– Bem, eu não admito isso para muitas pessoas, mas... – Ele casualmente tira o cabelo da testa, refletindo o gesto de Amanda, e diz: – Eu era um desastre. Fui a última criança no meu quarteirão a aprender a pedalar uma bicicleta. Com sete anos de idade eu ainda usava as rodinhas. – Mário acabou de revelar um ponto fraco mais sério e entrou no território do médio risco.

Amanda olha para ele, compreensivamente.

– Isso não deve ter sido fácil.

– Você está certa. As pessoas me importunavam muito. Por isso, o fato de os palhaços conseguirem fazer aquilo com apenas uma roda parecia mágica. Sem falar no perigo. Eles estavam sempre fingindo que iam cair. Obviamente, eu pensava que aquele era um perigo "real", por isso ficava duplamente impressionado. – Amanda sorri novamente e Mário nota que os ombros dela parecem estar um pouco mais relaxados.

– Lembro-me da primeira vez que fui a o circo – ela diz, finalmente. – Eu era bem pequena, tinha três ou quatro anos de idade, e chorei durante a maior parte da atuação dos palhaços, porque pensei que eles estavam realmente se machucando quando batiam na cabeça dos outros e coisas desse tipo. Minha mãe disse que todos os outros pais olharam para ela como se ela fosse algum tipo de mãe abusiva, porque sua filha chorava enquanto todas as outras assobiavam e gritavam. – Amanda sorri enquanto conta tudo isso e balança a cabeça por causa de sua própria história, mas depois rapidamente olha para baixo e nervosamente puxa seus cabelos mais uma vez.

Mário pode ver que Amanda está se sentindo vulnerável e um pouco envergonhada por ter revelado esse ponto fraco em especial.

– Você deve ter sido uma criança bastante sensível.

– Acho que sim.

– As pessoas a importunavam muito por causa disso?

– O tempo todo. Meus dois irmãos eram os piores. Eles costumavam ver quem conseguia me fazer chorar mais rapidamente. – Amanda olha para o chão enquanto diz isso.

Mário se sente verdadeiramente comovido e promete não bancar o palhaço.

– Nossa – ele diz gentilmente e toca seu braço com delicadeza. – Isso é tão egoísta.

Amanda olha para cima novamente e parece estar verdadeiramente agradecida por ele tê-la compreendido.

– Enfim, agora eu sou uma garota crescida.

Eles se olham fixamente por algum tempo. Mário olha nos olhos dela, depois para seus lábios, depois seus olhos novamente. Ele fica vermelho e ela dá um enorme sorriso.

– Então, garota crescida, você quer um sorvete? – ele diz, quando um vendedor passa por eles. – Está ficando bastante quente. – Sentindo que Amanda é mais tímida do que ele para falar sobre si, Mário decidiu conversar sobre temas gerais por alguns segundos para evitar que as coisas ficassem muito pesadas ou ameaçadoras.

– Claro – ela responde, sorrindo –, mas só se for de chocolate. Acho que sorvete de baunilha é apenas um desperdício de calorias.

– Eu vou te acompanhar – ele diz, sorrindo também (outro momento "Eu também"!). Amanda parece estar realmente à vontade agora, assim, quando passa a casquinha com sorvete de chocolate para ela, Mário diz: – Sabe que eu entendo o que você sentiu com os palhaços. Não apenas eu era um desastre, como também era uma criança bastante sensível, era muito fácil ferir meus sentimentos. Acho que superei isso, mas ainda sou um desastre. – Outro ponto fraco revelado. Ele espera que isso não a afaste. Claramente ela não é um desastre, pois compete em corridas de bicicleta.

Mas não, ela continua sorrindo para ele.

– Acho que você não parece um desastre – ela diz.

Ah ha!, Mário pensa, *isso soa bastante positivo*. De repente, os olhos de Amanda captam algo no meio da multidão.

– Mas, se você for, não tem problema – ela acrescenta maliciosamente – porque eu ainda choro quando vejo palhaços!

Mário ri e segue o olhar dela. Dois rapazes com ternos de bolinhas e nariz vermelho estão vindo na direção deles, carregando balões. Eles engataram uma conversa divertida novamente, Mário percebe, e ele está disposto a continuar. Eles terão tempo mais tarde para mais autoexposição de baixo e médio risco. Ele realmente gosta de Amanda e está se divertindo mais do que havia feito em meses. Ele tem quase certeza de que eles estão se conectando.

– Rápido, corra antes que eles comecem a se bater! – ele grita, segura o braço dela, e eles saem correndo, rindo e assobiando em direção à próxima atração.

Por que o encontro está indo bem

Até agora, está indo tudo bem. Durante os primeiros minutos, Mário e Amanda iniciaram uma conversa geral e depois uma conversa divertida, simplesmente eles conversaram alegremente para descobrir mais sobre seus interesses e o que têm em comum. Quando chegaram ao evento, eles começaram a conversar sobre o que acontecia ao seu redor e, a partir daí, progrediram para memórias de infância.

Mário propositadamente revelou informações pessoais sobre sua própria vida, para estimular certas reações e respostas de Amanda.

Pelo menos é como essa conversa normal e inocente parece, na superfície. O que aconteceu sob a superfície é que Mário propositadamente revelou informações pessoais sobre sua própria vida para estimular certas reações e respostas de Amanda. Mário também, com muita suavidade, sincronizou sua linguagem corporal, seu tom de voz e sua escolha de palavras na sintonia de Amanda e, em pouco tempo, passou da conversa divertida para uma autoexposição de baixo, médio e possivelmente alto risco (do ponto de vista de Amanda). Sim, ele cometeu um erro ao fazer aquela piada sobre o ovo frito, mas se recuperou, usou o incidente como feedback e ainda foi capaz de fazer com que a conversa progredisse de casual para íntima, quando usou um pouco de contato visual em uma paquera reservada para mostrar sua sensualidade. Ele teve o cuidado de não contar outra piada depois que Amanda revelou um ponto fraco mais sério. E, como ele já sabia que ela era um pouco tímida e sensível, conduziu a conversa de volta a um assunto geral mais neutro (ao oferecer sorvete) para evitar dar a impressão de que ele a estava sufocando ou interrogando. Sua estratégia funcionou, porque depois de ele ter revelado outro ponto fraco, ela se sentiu segura e relaxada o suficiente para fazer outra autoexposição de alto risco, contando uma piada (sobre chorar quando vê palhaços).

Toque incidental

Se o processo de criação de intimidade possui três níveis e o gatilho "Eu também" a leva para o segundo nível, o toque incidental pode impulsioná-la para o nível mais alto.

O poder persuasivo do toque tem sido o foco de muitas pesquisas. Em um experimento em uma biblioteca, um leve toque com a mão quando os clientes entregavam seus cartões da biblioteca era suficiente para melhorar a opinião da pessoa sobre a biblioteca. Outro experimento demonstrou que, se uma garçonete tocar o cliente apenas por um momento quando devolver o troco, sua gorjeta será aproximadamente 15% maior que o normal. Instituições de ensino sabem que, se um professor tocar um estudante momentaneamente (e de forma apropriada), é mais provável que haja um melhor entendimento entre eles.

A palavra ativa aqui é *incidental*. Isso significa natural e quase acidental. Agarrar, tocar, acariciar e todas as outras formas de toque gratuitas são o beijo da morte. O toque incidental é feito com a mão e é rápido, sutil, natural, e não é ameaçador. Você pode tocar o braço ou o ombro da pessoa, mas nunca algum lugar que seja evidentemente sexual (os seios, as nádegas, a parte interna da coxa). Esse primeiro toque é como uma varinha mágica, que pode ser utilizada apenas uma vez com efeito completo.

Escolha o momento com cuidado. Se for cedo demais, você será considerado desagradável. Se fizer muitas vezes, não causará impacto algum. Se for tarde demais, o momento terá passado. Seu primeiro toque incidental deve acontecer no momento em que se sentir confortável com a autoexposição de médio risco, preferivelmente depois de vocês terem sorrido juntos e encostado um no outro.

Se seu toque rápido no braço gerar uma resposta acolhedora, você pode sucedê-lo com um toque incidental na mão, no momento apropriado. Mas tenha cuidado: você está no espaço privado dele. Se esse toque não for correspondido com um aumento da sensação de intimidade, afaste-se imediatamente ou estará em apuros. Se ele for correspondido, parta para um nível mais profundo de intimidade. Nesse momento, a autoexposição deve fluir facilmente. Espere um pouco e depois faça um teste com outro rápido toque na mão, porém ainda mais cauteloso. Ele poderá se transformar em um aperto de mãos suave ou até mesmo em um toque momentâneo.

O padrão completo

Veja como toda a rotina conversacional fica quando você adiciona os gatilhos:

Autoexposição mais profunda

Vejamos o desenrolar de outra história. Veja se consegue identificar os estágios conversacionais enquanto Elaine e Robert passam por eles.

Elaine é professora de uma escola primária em Boston e tem quarenta e poucos anos. Há três anos, depois de 14 anos de casamento, seu marido a deixou por uma mulher dez anos mais jovem. A autoconfiança de Elaine levou um grande golpe, mas ela está tentando recuperá-la, pois gosta de estar em um relacionamento e espera encontrar outro companheiro. Ela está determinada a encarar possíveis relacionamentos de uma maneira diferente.

Robert é arquiteto, nunca se casou, teve dois relacionamentos sérios e duradouros, mas está solteiro há quase dois anos. Elaine e Robert se conheceram enquanto passeavam com seus cachorros há alguns meses e agora eles fazem questão de prestar atenção um no outro. Ela o acha atraente e comunicativo. Em uma conversa, ela mencionou que não tem carro e Robert se ofereceu para levá-la para passear em um fim de semana. Agora Elaine criou coragem e decidiu aceitar sua oferta.

Elaine entra em ação

– Ouvi dizer que o vilarejo de Marblehead tem lojas de antiguidades espetaculares e também algumas construções pré-revolucionárias. Talvez se fôssemos lá você pudesse me ensinar a diferença entre uma aresta e uma verga – ela sorri neste momento – e aproveitar para me mostrar uma pilastra. Eu sempre quis saber o que é uma pilastra.

Assim como Mário fez com Amanda, Elaine escolheu um lugar que inclui afinidades, que é seguro, diferente e que lhes proporcionará diversas oportunidades para conversar, e ela fez a sugestão com um humor leve. Robert ri quando ela menciona as pilastras e acaba concordando, satisfeito.

O encontro

No carro, durante o percurso, Elaine e Robert iniciam uma conversa geral sobre o clima e seus cachorros, os quais estão na parte de trás do espaçoso carro de Robert.

– Parece que este será um ótimo dia – diz Robert. – Olhe para o céu.

– Estou feliz por estar um pouco fresco – Elaine acrescenta –, porque os cachorros poderão ficar no carro quando estivermos nas lojas.

– Sim, eles vão ficar bem. E há uma área de preservação fora de Marblehead onde podemos deixá-los correrem.

– Eu não chamaria o que Bertie faz de "correr" – diz Elaine.

Robert ri. Bertie é um bassê relaxado e com o peso um pouco acima do de Elaine, com o corpo longo e pesado e pernas curtas e grossas, que não fazem dele um velocista.

– Bem, ele tem sentimentos e suas patas atingem o chão. Isso é o que importa.

Elaine ri.

– Juntos, Bertie e Clara formam um belo e divertido casal. – Clara é a elegante Weimaraner de Robert. – As pessoas vão achar que ela só está com ele por causa do dinheiro.

A conversa geral e a conversa divertida continuam enquanto eles seguem em direção a Marblehead. Quando Robert estaciona o carro, diz:

– Estou pensando em adotar um galgo inglês em uma daquelas organizações de resgate de galgos. Elas os encontram nas pistas de corrida.

– Sério? – diz Elaine, ajeitando-se no banco e virando a cabeça para olhar para Robert no momento em que ele desliga o carro e olha para ela. – Há pouco tempo eu li um artigo sobre um desses grupos e quase telefonei para eles para fazer a mesma coisa. Não consigo suportar a ideia de que tantos cachorros estão sendo sacrificados simplesmente por não terem um lugar onde morar.

Ele a olha.

– Verdade? Isso é incrível! – Ele põe a mão no queixo, pensativo.

De repente, Elaine percebe que o que acabou de acontecer foi um momento "Eu também", e ela não esperava por isso. Elaine casualmente reflete os gestos dele, também toca levemente seu queixo, e diz:

– Na verdade, tenho dois gatos resgatados em casa e eu os obtive no grupo de resgate de gatos. – Esta é uma pequena autoexposição de baixo risco, ou pelo menos Elaine pensa que é.

– Ei, você não me disse que tinha gatos! – diz Robert, olhando para ela com um ar de desaprovação. – Você deveria ser uma pessoa que gosta de cachorros.

Ele diz isso sutilmente, mas Elaine sente que a conexão foi rompida. Talvez Robert odeie gatos? Ela precisa descobrir.

– Bem, claro que eu sou uma pessoa que gosta de cachorros – ela diz, enquanto lança um olhar admirado para Bernie, já sonolento –, mas também gosto de gatos.

– Mas os gatos são tão diferentes dos cachorros! – exclama Robert. – Eles não demonstram carinho algum e são tão egocêntricos. – Há uma espécie de ponto fraco aqui, mais como um pequeno terreno de areia movediça, pensa Elaine, a julgar pela intensidade da reação de Robert.

– Isso é... – Elaine, que tem um temperamento um pouco explosivo, está prestes a dizer "Isso é ridículo!", mas se controla no momento certo. Em vez disso, decide tomar uma atitude mais alegre e agir de forma mais calma e diplomática. – Isso é o que muitas pessoas pensam – ela diz, mantendo sua voz agradável. Eles estão fora do carro agora, lado a lado na calçada, mas a linguagem corporal de Robert parece um pouco fechada, com os braços pressionados ao corpo. – Na realidade – Elaine continua, ela olha para Robert, com o coração de frente para o dele –, eu era como você: odiava gatos!

Essa é uma autoexposição de médio a alto risco, mas parece ter funcionado, provavelmente porque ela também incluiu uma afinidade.

– Nunca disse que os *odeio* – diz Robert, com a postura mais relaxada. – O que acontece é que todos os gatos que eu já vi me desprezaram, arranharam minha pasta executiva ou urinaram em meus sapatos.

– Ah – Elaine murmura quando eles começam a andar pela rua principal –, a verdadeira origem da lenda do Gato de Botas!

Robert ri. Isso é bom. Um pouco de conversa divertida não deve fazer mal nesse momento, é o que ela espera.

– Então como você deixou de odiá-los e passou a ser dona de gatos? – pergunta Robert.

– Nós sempre tivemos cachorros – diz Elaine – e meus pais não gostavam de gatos, por isso eu também não gostava.

– Hmm! – diz Robert. – Igual à minha família. Nós também sempre tivemos cachorros. Meu pai achava que gatos eram incômodos.

– Mas – Elaine continua – um dia um gato me escolheu. Ele simplesmente apareceu miando na minha varanda durante uma enorme tempestade de neve. Como eu não sou cruel, coloquei uma caixa com cobertores na varanda e dei-lhe um pouco de comida e água. Ele ronronou e ronronou e se esfregou em mim.

– Eles fazem isso quando querem algo – Robert parece estar se divertindo, mas Elaine sabe que ele ainda não está convencido.

– Mas esse gato fazia isso o tempo todo! Alimentado ou não. Ele simplesmente me conquistou. Ele adorava se aconchegar no meu colo e me seguia pela casa, igual a um cachorro! Quando ele morreu, fiquei inconsolável. Isso aconteceu na mesma época em que outras coisas não estavam indo bem para mim... – Elaine pensa em mencionar o fato de seu marido tê-la abandonado, mas decide que essa informação é de muito alto risco nessa fase do relacionamento. Além de ser um ponto fraco, é também uma mágoa, assim, em vez disso, ela usará algo de médio risco. – Tenho de admitir que eu estava em uma maré baixa. Foi quando vi uma propaganda de um grupo de resgate de gatos. Liguei para eles e, em seguida, eu estava com dois filhotes de gatos. É impossível ficar deprimida com dois gatinhos em casa.

– Concordo que filhotes são fofos. O problema é que eles crescem e se tornam gatos. – Robert ri, mas sua cabeça está inclinada para longe de Elaine.

Ela não consegue acreditar que ele seja tão preconceituoso no que diz respeito a gatos! Alguma outra coisa deve estar acontecendo com ele, e ela se pergunta se é muito cedo para investigar. Qualquer pessoa preconceituosa deixa Elaine nervosa, portanto ela tem que descobrir mais sobre isso.

– Talvez você tenha tido uma experiência ruim com um gato em uma vida passada, ou algo parecido – ela diz sutilmente, no momento em que eles param para olhar a vitrine de uma loja de antiguidades.

– Para falar a verdade, você está certa. – Robert abaixa o tom de sua voz e desvia o olhar. – Aquele gato que urinou nas minhas botas pertencia à minha ex-namorada. Juro que ela amava aquele gato mais do que a mim. Ela era completamente neurótica em relação a ele, e o gato era neurótico também. – *Ah há*, Elaine pensa, *agora estamos chegando a algum lugar*. Robert acabou de revelar uma vulnerabilidade!

– Deixe-me ver se eu consigo entender. – Elaine também diminui um pouco seu tom de voz. – Os animais são muito sensíveis, você sabe disso. Provavelmente aquele gato estava com ciúme, principalmente se você não tentava fazer amizade com ele. Deixe-me adivinhar: ele era um macho e urinou em suas botas quando as coisas não estavam indo bem com sua namorada.

Robert olha para ela e ri.

– Exatamente! Você deve ser uma vidente.

– Não, eu simplesmente conheço gatos. Eles são muito mais complicados que os cachorros.

– Você quer dizer, da mesma forma que as mulheres são mais complicadas que os homens? – O tom de voz de Robert é um pouco desafiador, mas ele está rindo e parece relaxado.

Elaine ri também. Já chega de conversa divertida.

– Eu não disse isso! Mas, relativamente, os cachorros são simples e os gatos são complexos. Atenção e comida, fornecidas por qualquer pessoa, resumem bem o que os cachorros precisam. Por mais que eu os ame, não acho que eles sejam muito exigentes ou sutis.

– De certa forma, como os homens? – Robert pergunta, com as sobrancelhas levantadas.

– Você sabe – Elaine diz, enquanto sorri e levanta as sobrancelhas levemente, e toca a manga do casaco de Robert –, complicação pode ser cansativa. Na maior parte do tempo, eu só quero simplicidade.

Ambos começam a rir e Robert respira fundo.

– Você é divertida – ele diz. – Adoro isso em uma mulher. Ainda que ela tenha gatos.

"Juro que ela amava aquele gato mais do que a mim."

Por que esse encontro deu certo

Se você analisar a história, perceberá que desde o início Robert manteve um tom otimista, ao dizer: "Parece que este será um ótimo dia". Elaine acrescentou, naquele seu jeito prático: "Estou feliz por estar um pouco fresco, porque poderemos deixar os cachorros no carro". Enquanto suas observações alegres sobre os dois cachorros introduziram uma conversa divertida, Robert realizou uma autoexposição de baixo risco com informações livres sobre adotar um galgo inglês. Elaine ficou tão impressionada com a coincidência que nem aproveitou totalmente aquele maravilhoso momento "Eu também". Dizer "Eu também" permite que você coloque certa magia. Você pode pausar um pouco quando fizer isso, enfatizar com uma mudança no tom de voz ou na atitude e, nesse caso, ela poderia até ter tocado no braço dele, "incidentalmente".

De qualquer forma, ela mostrou que eles tinham algumas afinidades muito específicas. Conscientemente ou não, a descoberta dessas afinidades fez Elaine se sincronizar com Robert no momento em que ela tocou em seu queixo e contou a ele sobre seus gatos. Isso acabou sendo de alto risco e não muito bem pensado, já que muitas pessoas relacionam as características de um animal com as de seu dono – o que não foi uma coisa muito boa, se considerarmos que Robert tinha uma opinião ruim sobre gatos.

Mas devemos tirar o chapéu para Elaine, primeiro por controlar seu temperamento, também por melhorar seu deslize e, finalmente, por uma ótima observação para se realinhar com Robert, ao usar uma linguagem corporal aberta e seu pequeno discurso "Eu era como você".

Esses momentos um pouco tensos sempre acontecerão. Elaine, de forma não intencional, desordenou o equilíbrio e estava apostando que sua mistura de lógica animal e emoção humana poderia colocá-la de volta nos trilhos. Felizmente, ela conseguiu fazer Robert dar informações livres que explicaram o motivo da tensão. E funcionou. Robert começou a ver o lado inteligente, paciente e cuidadoso dessa professora, e achou isso atraente. E Elaine começou a ver o lado humano, sábio e um pouco vulnerável desse arquiteto, e ela achou isso muito reconfortante.

É uma questão de perspectiva

Quem disse que 90 minutos é pouco tempo para conhecer alguém? Claro que, se vocês ficarem falando *hum* e *ahh* e preencherem o espaço entre pausas significativas com conversas gerais e brincadeiras superficiais, esse tempo não será suficiente. Da mesma forma, se divagarem e entediarem demais um ao outro, ou se sentarem e disserem apenas sim e não, sem fazer nenhum esforço para conversar de verdade, pode parecer uma eternidade. Se você for muito rude, evasiva, autoritária ou pretensiosa, a outra pessoa vai querer parar o relógio em 90 segundos e correr para a porta.

Mas quando vocês encontram afinidades, prestam atenção e compartilham seus pensamentos, se conhecerão muito mais depois de uma hora e meia que no princípio, e provavelmente poderão dizer "Parece que eu conheço você tão bem. Como o tempo passou rápido, não?".

Se você está com alguém de quem realmente gosta e deixa transparecer seu verdadeiro eu, ao usar seu corpo, sua atitude, sua voz e suas palavras de uma forma natural e tranquila, você preparou o terreno para o amor.

Se você passou 90 minutos com um oposto compatível, demonstrando que vocês se gostam, preparou o terreno para o amor; se usou seu corpo, sua atitude, sua voz e suas palavras de uma forma natural e tranquila para realizar autoexposições mútuas, criou uma intimidade emocional; se vocês tiveram momentos "Eu também", tocaram-se de uma maneira natural e tiveram alguns momentos de tirar o fôlego ao se olharem nos olhos, plantaram as sementes de um amor verdadeiro.

Transforme um momento complicado em uma oportunidade

Se, acidentalmente, você tocar em um assunto delicado para a outra pessoa, use a informação como um feedback importante. Seja suave, investigue sutilmente, saiba quando voltar atrás e entre em sintonia para tranquilizá-la e mostrar que você é sensível e confiável, e que não usará essa informação de forma prejudicial.

EXERCÍCIO 10

Prepare-se para se expor

Ao se preparar para mudar o nível de apenas amigos para algo mais íntimo, pense sobre os tipos de coisas que você poderia revelar. Utilize as histórias que você escreverá no capítulo de exercícios como inspiração.

Exposição de baixo risco

- O que você poderia dizer sobre o que gosta e o que não gosta, sem se aprofundar muito?
- Quais histórias alegres você poderia contar sobre seu passado e seu presente?
- Quais histórias divertidas você poderia compartilhar sobre sua família, amigos, hobbies, viagens, sua cidade natal, escola ou trabalho?

Exposição de médio risco

- O que você poderia compartilhar sobre suas opiniões, seus sentimentos pessoais, seus sonhos e desejos, seus planos para o futuro, seus bons e maus julgamentos ou sobre as escolhas que fez?

Exposição de alto risco

- O que você deve compartilhar (quando for o momento certo) para obter uma chance melhor de intimidade e proximidade?
- O que você pode dizer sobre seus sentimentos profundos, seus medos e inseguranças, suas fraquezas humanas compreensíveis?

Exercício 11

Convide alguém para sair

Passe alguns minutos pensando no que você sabe sobre a pessoa com quem vai se encontrar, caso saiba alguma coisa:

- Onde vocês se conheceram?
- O que têm em comum?
- Qual lugar seria único e memorável, além de oferecer um ambiente confortável para conversar?
- Aonde vocês podem ir para incorporar seus interesses em comum?

Agora considere a escolha de suas palavras. Reflita sobre as seguintes perguntas:

- Como trazer à tona afinidades ou interesses em comum?
- Como manter seu pedido leve e casual, com bom humor?
- Como suavizar seu pedido?

Liste algumas ideias sobre o que você pode dizer ao convidar essa pessoa para sair.

Capítulo 11

Enfim, o amor chegou

O amor verdadeiro é uma mistura única de atração, intimidade, compromisso e romance. É absolutamente pessoal e acontece de forma diferente para cada casal. Para alguns, o momento em que ele acontece é fácil de perceber; para outros, é menos óbvio. Alguns percebem um momento definitivo em que, de repente, tudo muda; para outros, é mais como um fluxo, uma maré gradual de mudança. Pessoas emotivas tendem a admitir o amor mais rapidamente do que pessoas mais racionais, mesmo se as sementes tiverem sido plantadas ao mesmo tempo.

Como sair da intimidade para o amor? Até agora apresentei técnicas bastante concretas. Essas técnicas – adotar uma ótima atitude, paquerar, sincronizar, realizar autoexposição – levarão você às margens do amor, e, frequentemente, para além dele. O momento em que duas pessoas se unem e descobrem que são opostos compatíveis, com frequência, é suficiente para levá-las ao amor. Mas se quisermos discutir como transformar uma atração inspiradora e uma conexão com alguém em um amor verdadeiro, precisaremos afastar-nos um pouco da abordagem passo a passo e entrar em uma área mais filosófica.

Uma coisa leva à outra

Durante minha juventude, fui rejeitado mais vezes do que consigo me lembrar. Ainda bem. Do contrário, não teria encontrado o maravilhoso relacionamento que tenho hoje. No entanto, na época, eu pensava que não tinha sorte no amor. Uma dia, deparei-me com esta parábola:

Um sábio velho fazendeiro era dono de um fiel cavalo. Um dia o cavalo fugiu para as montanhas. Os aldeãos correram até ele e disseram: "Que má sorte você tem, seu cavalo fugiu!". O fazendeiro respondeu: "Má sorte, boa sorte, quem sabe?".

No dia seguinte, o cavalo voltou das montanhas e trouxe com ele cinco lindos cavalos selvagens. Os aldeãos se aproximaram do fazendeiro e disseram: "Que incrível boa sorte a sua, agora você tem muitos cavalos!". "Boa sorte, má sorte, quem sabe?", disse o fazendeiro.

Posteriormente, o filho do fazendeiro caiu de um dos cavalos selvagens que ele treinava e quebrou a perna. Os aldeãos se aproximaram novamente e disseram: "Que má sorte, agora seu filho não pode ajudá-lo na fazenda", e o fazendeiro disse: "Má sorte, boa sorte, quem sabe?".

No dia seguinte, o exército do imperador veio até a vila e levou todos os jovens sadios para lutar em uma guerra. Eles deixaram para trás o filho do fazendeiro, porque ele estava com a perna quebrada. Os aldeãos correram e disseram...

Acho que você entendeu a ideia. Uma coisa leva à outra. Você conhece alguém, começam a namorar e não dá certo. Não leve para o lado pessoal. Em vez disso, diga: "Boa sorte, má sorte, quem sabe?". Essa não é uma forma passiva ou acomodada de pensar; ao contrário, exige esforço e consciência. É outro passo no caminho até seu oposto compatível.

Se você ama algo, liberte-o

Existe um lindo ditado taoísta sobre o qual você deveria refletir por alguns dias. Ele diz: "Livre de desejo, você se maravilha com o mistério. Preso ao desejo, você vê apenas as manifestações". Trata-se de não julgar as coisas pela forma que você espera que elas sejam.

Quando você sabe o que quer e já fez todo o possível para consegui-lo, recue um pouco e deixe as coisas acontecerem naturalmente. Se fizer isso, conseguirá mais do que poderia imaginar. Mas, se tentar forçar seu desejo, somente poderá ver o que se está conseguindo ou não. É como tentar forçar um ovo a chocar ou uma flor a florescer. Em vez disso, você precisa relaxar e deixar a vida e o amor transpirarem em seu próprio processo criativo, é surpreendente.

Trata-se de ter fé em si, na vida, na pessoa que você ama. O amor é infinitamente mais surpreendente e empolgante do que você poderia imaginar, mas somente quando você lhe dá o espaço, o suporte e a oportunidade de que ele precisa para se abrir. O amor não acontece sob comando. É um processo que floresce, é uma semente que cresce, é uma faísca que se transforma em chama. Tudo o que é preciso fazer é tentar estar pronta para ele – faça o seu melhor, depois relaxe e se maravilhe com o mistério.

O amor não acontece sob comando. É um processo que floresce, é uma semente que cresce, é uma faísca que se transforma em chama.

Mário e Amanda

Analisemos como o amor aconteceu para Mário e Amanda.

"Despedimos-nos exatamente às 18h00", Mário me contou. "Eu estava um pouco preocupado porque no final do encontro Amanda começou a mudar. Ela começou a ficar irritável e impaciente conforme o momento da despedida se aproximava. Mas havíamos nos conectado. Eu podia ver em seus olhos. Era como se sua alma tivesse se aberto e eu pudesse mergulhar dentro dela através de seus olhos. Dissemos um ao outro o quanto nos havíamos divertido, mas ela agia de forma cada vez mais nervosa e agitada ao mesmo tempo, portanto segui seu conselho: não tentei forçar a situação ou tirar conclusões precipitadas. Perguntei-lhe se poderíamos nos encontrar novamente. Ela me confundiu. 'Somente daqui a uma semana', ela disse. Fiquei sem ar e ela deve ter percebido. Ela prometeu me ligar. Nós nos abraçamos; na verdade, ela me abraçou bem forte e disse: 'Vai ficar tudo bem', e foi embora. Eu queria me sentir destroçado, mas me contive – felizmente.

"Os três dias seguintes foram horríveis. Na quinta-feira, eu estava no trabalho e por pura coincidência fui até a janela que dava para o estacionamento, quando vi alguém colocar algo sob o limpador de para-brisa do meu carro. Era Amanda. Desci correndo as escadas e saí pela porta lateral, mas ela tinha ido embora. Minha nossa, como eu tremia. Enquanto eu rapidamente caminhava até o carro, comecei a pensar que poderia estar delirando, porque, mesmo se ela tivesse descoberto onde eu trabalhava, de jeito nenhum ela saberia qual era meu carro. Mas havia um envelope colado com fita adesiva sob o limpador do para-brisa. Dentro do envelope havia um cupom da lanchonete onde nos encontramos. Do lado de trás havia uma palavra e um número de telefone escritos à mão. A palavra era 'Onde?'.

Agora, eu pensei. *Agora mesmo, neste momento.*" Mário se ajeitou na cadeira; ele tinha quase terminado sua história.

"De qualquer forma, eu liguei para ela e o resto é história. Encontramo-nos novamente, foi ótimo, nós nos casamos, estamos apaixonados e vamos ter um bebê em dezembro."

Eu o parabenizei e conversamos sobre a vida em família e filhos por alguns minutos, mas depois tive de perguntar algo a ele: "Vamos rebobinar um segundo. A última coisa que eu ouvi antes de tudo isso foi que você estava pronto para ser destroçado".

"Durante nosso encontro, Amanda me disse que estava saindo com um jogador de hóquei, não exclusivamente, mas certamente por algum tempo. Quando nos encontramos ela me contou que queria resolver isso antes de me ver novamente." Conversamos um pouco mais e Mário me contou que uma garçonete da lanchonete havia mostrado meu carro para

Amanda para que ela pudesse deixar o bilhete. Depois nos despedimos. Combinamos que Wendy e eu iríamos ao batizado do bebê.

Mário sabia que as sementes haviam sido plantadas, sabia que eles haviam se conectado e sabia que tudo estava no lugar certo, mas ele também sabia que era melhor não interferir no fluxo natural das coisas – mesmo sofrendo com isso. Às vezes, você tem que acreditar que tudo terminará bem e simplesmente relaxar. Ao deixar as coisas seguirem seu curso, permite que elas se alinhem no tempo certo.

Elaine e Robert

Elaine e Robert buscavam uma companhia, mas, depois de passar por alguns relacionamentos fracassados, foram mais cautelosos do que Mário e Amanda. Elaine particularmente havia sofrido com a dissolução de seu casamento e agora se encontrava solteira e solitária. Ela procurava o companheirismo e a segurança resultantes de encontrar alguém especial, mas ela não estava pronta para se envolver em nenhum relacionamento antes de dar uma boa e longa olhada. Robert também pisava com cuidado, pois via seus dois relacionamentos malsucedidos como fracassos pessoais. Ainda assim, apesar de seus pontos de vista cautelosos, ambos perceberam que haviam encontrado algo especial um no outro. Eles riam juntos, corriam com seus bichos de estimação juntos e conversavam juntos.

Junto à emoção de um novo amor vem o potencial de uma mágoa.

Elaine confessou: "Quando conversamos pela primeira vez durante um passeio com nossos cachorros no parque, lembro-me de ter pensado 'Como é que passou tão rápido?'. E foi assim todas as vezes que nos encontramos; nunca tínhamos tempo suficiente. Robert me fez sentir que não havia problema em sonhar novamente. Ele é muito organizado e me ajudou a pensar racionalmente – minha vida parecia ter mais significado do que apenas a rotina do dia a dia na qual eu fiquei presa. Em nosso segundo encontro ele me contou que sentiu uma faísca – legal, mas de médio risco. Aquilo realmente me fez acordar. Eu nunca teria adivinhado isso pela forma como ele agia. Quase disse a ele que pensei que nunca ouviria isso novamente, mas teria sido muito arriscado para mim. Ainda assim, decidimos não nos apressar. Namoramos durante seis meses antes de falar em amor, e mais dois depois disso antes de falar em morar juntos".

Após quase um ano de amizade e mais de dez meses de namoro, Robert e Elaine resolveram morar juntos. Dois anos depois, eles uniram seus recursos, mudaram para outro lugar e abriram uma loja de antiguidades em Rockport, perto de Marblehead, onde tiveram seu primeiro encontro. Hoje eles são inseparáveis.

Ações falam mais alto que palavras

Opostos realmente compatíveis podem se apaixonar em 90 minutos ou menos, se tiverem a oportunidade de desenvolver confiança e atingir uma intimidade emocional. Isso não significa que eles se encontram e dizem tudo quando o relógio marca 90 minutos. Alguns conseguem, pois processam rapidamente seus sentimentos em palavras, depois os pensamentos e por último as ações; eles são emocionais e espontâneos. Outros levam mais tempo para processar suas experiências em palavras e querem viver com um sentimento por algum tempo antes de expressá-lo. Quando você encontra seu oposto compatível (ou quando ele a encontra), as sementes do amor ficam lá, à espera de serem semeadas. Não espere dizer ou ouvir "Eu amo você" nos primeiros 90 minutos se não for da sua natureza (ou do seu parceiro) articular sentimentos tão rapidamente. É suficiente saber que há profunda sensação de bem-estar, confiança, felicidade e alívio.

Se não quiser articular seus sentimentos, pode buscar aqueles intrigantes sinais fisiológicos de que o que vocês estão sentindo é mútuo. As pupilas dele estão dilatadas? O rosto dele está corado? A respiração está um pouco ofegante por causa da empolgação?

Apaixonar-se aciona mudanças tanto no corpo quanto na mente. Os impulsos sexuais que vão da coluna vertebral até o cérebro estimulam contrações involuntárias e o relaxamento dos músculos. O corpo libera dopamina, endorfinas, estrogênio, oxitocina, norepinefrina e testosterona. O brilho na pele, a respiração ofegante e as pupilas dilatadas são indicadores psicológicos de excitação sexual.

Algumas pessoas são mais cautelosas do que outras. Junto à emoção de um novo amor vem o potencial de uma mágoa. Algumas pessoas escolhem com alegria seguir seu coração e esperar o melhor; outras querem ter certeza de que estão pisando em um terreno seguro antes de entrarem realmente no relacionamento. As duas atitudes têm seus méritos, tudo depende das suas circunstâncias. O mais importante é estar aberta para o amor, para permitir que ele aconteça de uma forma que seja confortável para você.

Amor à primeira dança

Se Elaine e Robert são exemplos de pessoas que não tiveram pressa para ter certeza de que seu relacionamento era forte, Larry e Anita representam a abordagem oposta. Ambos eram membros de um clube de solteiros para pessoas que gostam de andar a cavalo. Larry almejava a gerência em uma empresa discográfica e Anita dirigia a biblioteca de referência para uma firma de advocacia.

Todos os domingos, o clube realizava uma noite sertaneja para solteiros. Uma das regras desse evento era que as mulheres convidassem os homens para dançar, e os homens não poderiam recusar. Certa noite de domingo, em setembro, Anita convidou Larry para dançar – duas vezes. Anita sentiu uma química real, Larry também. Eles deixaram a pista de dança separadamente, mas ambos retornaram na semana seguinte. Desta vez, Anita convidou Larry para dançar três vezes, o número máximo permitido. Durante sua última dança, Larry a convidou para almoçar e ela aceitou.

Larry escolheu bem seu encontro, fez as quatro perguntas do Capítulo 9: É um lugar onde ela se sentirá segura? É algo que ela curtirá? É um lugar onde poderemos conversar? É diferente? – e teve uma ideia para uma ocasião única, especial e romântica. Programou de encontrá-la no estábulo, onde ele guardava seu cavalo, alugou um cavalo para Anita e passearam por uma trilha dentro da floresta e da campina até um restaurante à beira de um lago. O local fica a aproximadamente três quilômetros dos estábulos na margem da floresta, onde está o restaurante, entre os pinheiros e um lago.

Na memória de Anita, eles tiveram um encontro perfeito.

– Muita conversa e química – ela me contou. – Depois que voltamos para os estábulos, tiramos a sela dos cavalos e os escovamos. Deve ter começado com o cheiro e o escovar dos cavalos e o som da voz de Larry. Eu podia ouvi-lo conversar gentilmente com seu cavalo, enquanto passava a escova por seu pescoço. Tive essa sensação leve de bem-estar. Tudo estava calmo e onde deveria estar. Não sei se isso faz sentido.

– Perfeitamente – eu disse.

– Enquanto caminhávamos até nossos carros, eu ainda podia ouvir os cavalos ao longe e podia sentir o cheiro do lago. Larry deu um passo para o lado para deixar um caminhão passar e, quando fez isso, sua mão encostou na minha. Senti algo grande quando ele me tocou, e muito profundo. Um calor passou pelo meu braço, pelo meu coração, acho – Anita continuou. – Então, fiz algo que foi tão atípico para mim, mas tão natural naquele momento. Eu parei e coloquei minha mão sobre o braço de Larry e disse: "Posso fazer uma pergunta?". Ele levantou as sobrancelhas, balançou a cabeça e me olhou – bem profundamente. Juro que ele sabia o que eu ia dizer. "Será que pode ficar melhor do que isso?" Ele não disse nada por alguns segundos, depois suspirou e sorriu.

Tudo o que ele disse foi:

– Minha nossa.

Depois eu me escutei dizer:

– Para onde vamos com isso? – Ele pareceu confuso, então agreguei: – Você e eu. – Foi fácil; parecia a coisa certa a fazer, um tipo de epifania.

Depois Larry disse:

– Que tal casamento dentro de um ano?

Tudo o que eu consegui fazer foi rir e dizer:

– Minha nossa!

Isso foi há nove anos. Hoje, não só Larry e Anita estão casados e felizes, como também dirigem uma bem-sucedida empresa de pesquisa de mercado e trabalham, viajam, socializam-se e jogam juntos.

Mantendo o amor aceso

O amor não é um destino, é um processo, uma jornada. Como manter seu amor vivo e especial ao longo dessa jornada? Só com romance. Você faz gestos para mostrar que ele é a coisa mais importante da sua vida. Presta atenção nele e faz algo para mostrar-lhe que as chamas da paixão ainda estão acesas. O romance é a arte de expressar o amor sentimental. Em sua máxima simplicidade, são gestos amorosos para a pessoa que você ama; em seu melhor, é criar deliberadamente maravilhosas lembranças que servem para construir uma base de coisas especiais sobre a qual você constrói a relação amorosa da sua vida. Isso se constrói com as histórias que criam juntos. Histórias que conta a si, ao seu parceiro e a outras pessoas.

Danika e Eric se conheceram pela Internet. Esta é sua história – em suas próprias palavras.

"Eu tinha 38 anos e havia sido casada duas vezes", Danika começou. "Divorciei-me na primeira vez e fiquei viúva na segunda. Estava cansada e triste, mas determinada a encontrar o verdadeiro amor e o companheiro que buscava há tantos anos. Coloquei uma foto bonita, porém realista, e um perfil otimista, porém não muito audacioso, em um site de namoro virtual e esperei o melhor. Participei de uma série de encontros, fiz alguns amigos, beijei alguns sapos que continuaram sendo sapos e escolhi um homem que satisfazia minha curta, porém concisa lista de critérios: brilhante, hilário, sensual, gentil, bem de vida. Depois de três meses, recebi uma mensagem de Eric.

Ele parecia perspicaz e razoavelmente bonito, portanto, depois de trocar alguns e-mails, pedi que ele me ligasse. Encontramo-nos uma vez, depois outra e depois mais outra. Não foi amor à primeira vista para mim, mas encontrei algo persuasivo nele. Ele era muito independente. Não era o típico pássaro ferido que normalmente me atraía. Ele calçava sapatos bonitos, pedia o cardápio e ligava sempre que dizia que ia ligar. Um dia, em um restaurante chinês, enquanto ríamos de algo, Eric se inclinou e beijou minha testa. Inexplicavelmente isso me tocou. Senti-me apreciada e quis abrir a porta do meu coração para ele. Eric entrou e, extraordinariamente poucos meses depois, ele se revelou minha alma gêmea. Dois anos depois, perdidamente apaixonada e, após comermos e nos divertir em vários continentes, nós nos casamos e estamos comprometidos e felizes."

A versão de Eric dessa história transforma as faíscas do amor em uma chama.

"Com pouco mais de 40 anos," ele escreveu "eu já havia tido relacionamentos suficientes para saber o que queria e o que não queria. Eu não me contentaria com uma mulher que tinha medo do desconhecido. Ela deveria ser inteligente, divertida, curiosa e apaixonada por comida. Eu procurava uma pessoa ativa. Ao ler o perfil de Danika, pude sentir que ela era sofisticada, mas precisava ouvir sua história. No nosso primeiro encontro, ela pediu um cheeseburger e um uísque. Ela tinha um jeito audaz de conversar e eu me senti imediatamente atraído. O que me cativou foi sua atitude 'esta sou eu, sem desculpas'. Seu passado não era tão importante quanto a forma como ela lidava com ele.

Como fotógrafo, eu sempre olhava muitas fotos. Há mais informação a ser colhida que apenas a beleza do objeto. Dá para ver muita coisa em uma foto de um perfil. Eu me perguntei: Por que ela escolheu esta foto? O que ela quer que eu saiba sobre ela? Vejo uma mulher com estilo e bom gosto, uma leitora, uma alma antiga. Ela deve saber que está bem na foto, mas também é uma boa foto. Saber que ela foi inteligente o suficiente para escolher aquela foto me atraiu."

•••

O romance cresce na imaginação, evocando imagens, sons, sentimentos, cheiros e gostos. O romance cresce com a conversa, mas as chamas do romance precisam de alimento para essa poderosa imaginação.

Um dia, Oleg perguntou a Anna se ela se importaria de ir com ele a uma marina local depois do trabalho. Ele tinha que entregar algo a um amigo que voltava de um passeio de barco pelo lago naquela tarde. Ela aceitou e eles foram juntos no carro.

Oleg retirou uma sacola esportiva do porta-malas e eles caminharam até a doca, mas o amigo de Oleg ainda não havia chegado. Ele sugeriu que eles se sentassem na doca e colocassem os pés na água. Enquanto eles aproveitavam o sol na doca que balançava levemente, Oleg disse: "Você sabia que este é o lugar exato em que nos conhecemos há um ano?".

"Sim, eu sei", Anna respondeu e colocou seus braços em volta dele. Após alguns segundos, Oleg abriu a sacola. Dentro havia um buquê de rosas amarelas, uma garrafa de champanhe, duas taças e um prato de aperitivos. "Não tem amigo nenhum", ele confessou, sorrindo. "Feliz aniversário de 1 ano."

•••

Antônio, que administrava uma pequena galeria de arte, conheceu Susan, professora, há quase um ano, quando foi com um grupo de amigos a uma apresentação da Companhia Nacional de Balé do México. Desde então, México, comida mexicana e todas as coisas mexicanas se tornaram românticas para eles.

Em uma tarde ensolarada, quando Susan saía de uma excursão à Galeria Nacional com seus alunos, ela viu Antônio na calçada, com um cartaz de "Feliz Aniversário, Susan" na altura do peito. Com ele estava uma banda tradicional mexicana que ele havia contratado, com trompetes e tudo. Susan é auditiva; ela se comove especialmente com a forma como as coisas soam. Isso foi há 15 felizes anos.

•••

Tiramos o chapéu para Gerard por seu jeito inesquecível de pedir Dina em casamento. Após um jantar romântico, em um restaurante na beira de um lago em Georgian Bay, ele a levou para passear em um bote a remo para apreciar o pôr do sol. No momento em que o sol se escondia no horizonte, ele mostrou um anel a Dina e a pediu em casamento. Depois de lágrimas e abraços, ela aceitou. Dina não percebeu que Gerard segurava uma lanterna. Enquanto eles se abraçavam, ele secretamente ligou a lanterna e a balançou na direção da costa. Era o sinal para que três amigos de Gerard soltassem fogos de artifício no valor de US$ 220 que ele havia trazido, iluminando o céu e refletindo no lago ao redor deles. Que visão maravilhosa foi aquela! Dina é visual e se emociona especialmente com a aparência das coisas.

•••

O romance é provavelmente o oposto do bom senso, mas às vezes vale a pena deixar a praticidade de lado para mostrar à pessoa que amamos o quanto nos importamos. Os melhores gestos românticos requerem imaginação e esforço. (O que um cartão comemorativo virtual diz sobre o comprometimento e a habilidade do remetente?) Mas essa imaginação e esforço normalmente valem a pena para manter o relacionamento vibrante e feliz.

Jeanette gastou todas as suas economias para levar seu namorado fanático por corrida de carros ao Rally de Monte Carlo. Eles vão se casar no ano que vem. Kayla encomendou sete pares de cueca para serem entregues ao seu namorado pelo correio no Dia dos Namorados, quando ele estava fora em uma turnê.

Pense no seu amor como um fogo que você deve cuidar com entusiasmo todos os dias. Cada um de vocês precisa de uma pilha de lenha. As pilhas não precisam ser do mesmo tamanho, mas com o tempo vocês dois terão de contribuir para manter o fogo aceso. Quando a chama está alta, ela traz calor e felicidade e você pode brincar com seu brilho, mas, se não cuidar do fogo, ele se apagará e você ficará sozinha, no frio. Alimente o fogo todos os dias. Vocês podem comprar flores ou outros presentes surpresa, assistir a um filme favorito, ler um para o outro, escrever pequenos bilhetes carinhosos ou simplesmente tomar uma xícara de chá quando um dos dois chegar em casa em um dia chuvoso. As possibilidades são infinitas. Mantenha suas histórias acesas e brilhantes.

Juntando tudo

O amor acontece de forma diferente para cada pessoa, mas o processo é o mesmo. Encontre seu oposto compatível, plante as sementes, regue-as e observe-as florescer. Ou faça algumas faíscas, crie uma chama e mantenha-a acesa – escolha a metáfora que preferir.

Para chegar a esse ponto, você precisará usar todas as técnicas e habilidades que aprendeu, portanto vamos revisá-las.

Tudo começa e termina com a atitude. É diante da atitude que as pessoas reagem, mesmo antes de conhecerem você. Você pode escolher sua atitude assim como escolhe suas roupas.

Lembre-se de que sua atitude não só direciona seu comportamento, como também afeta o comportamento da pessoa com quem você está. Você pode usar sua atitude para sinalizar "*Estou nervosa*", "*Sou tímida*" e "*Sou reservada*", ou você pode usá-la para sinalizar "*Sou divertida*", "*Sou confiante*", "*Estou disponível*" e "*Estou aqui*".

Vista-se da melhor maneira possível, para deixar aflorar seu lado alegre, confiante, criativo e pronto para encarar qualquer desafio. Suas roupas enviam uma mensagem. Quanto melhor você se veste (e não estou falando de roupas caras, mas de roupas bem-coordenadas, bem-ajustadas, bem-cuidadas e elegantes), melhor é a qualidade da atenção que recebe e melhor você se sente consigo. Seu charme vem da atitude e da linguagem corporal, obviamente, mas também vem da calça, saia, camiseta, blusa, sapatos e acessórios que você escolhe, além da forma como cuida do seu cabelo.

Socialize-se e receba pessoas em sua casa. Seu oposto compatível está em algum lugar lá fora. Encontrá-lo é uma questão matemática. Saia e conheça o máximo de pessoas possível. Peça aos seus amigos e colegas de trabalho que a apresentem a outras pessoas. Coloque sua atenção em melhorar suas habilidades sociais e cultive suas amizades. Envolva-se, faça planos, siga-os, seja amigável.

Use seu corpo para sinalizar que você é aberta e confiável. Seja charmosa. Nada demonstra mais confiança e acessibilidade que o contato visual, um sorriso e uma linguagem corporal aberta. De todas as partes do seu corpo que você pode usar para transmitir sinais de atração, os olhos são de longe as mais importantes e capazes das maiores sutilezas. Use-os para demonstrar seu interesse e para criar uma curiosidade. Olhe nos olhos da pessoa em quem você está interessada por alguns segundos, depois para seus lábios e volte para seus olhos.

Nada demonstra mais confiança e acessibilidade que o contato visual, um sorriso e uma linguagem corporal aberta.

Paquere socialmente. Mantenha o contato visual por mais tempo do que o normal, depois desvie o olhar e depois olhe novamente. Homens e mulheres, quanto mais se movimentam com elegância e graça, mais interessantes parecem. As mulheres também podem usar seu corpo para prometer e recuar, para dizer: *Estou disponível – talvez.* Os homens podem aproveitar sua energia masculina e aprender a caminhar mostrando seu charme. As mulheres podem aproveitar sua energia feminina e aprender a caminhar de forma relaxada e lenta. Não de uma forma exagerada, mas o suficiente para que as pessoas percebam que você chegou e que está confiante.

Crie química e sintonia por meio da sua conversa e das suas habilidades de sincronização. Apele para a forma preferida de ver o mundo do seu companheiro (Ele é mais visual, auditivo ou sinestésico?) e encontre afinidades. Nada ajuda a construir bons sentimentos quanto a linguagem corporal sincronizadora e as características vocais.

Transforme seu encontro em um evento memorável e especial. Escolha um lugar onde vocês possam conversar e onde seu parceiro se sinta seguro, algo que ele curtirá e algo diferente do cotidiano.

Quando chegar o momento, paquere privadamente. Maneje as vibrações sexuais com suas palavras e sua linguagem corporal, principalmente com os olhos. Ganhe intimidade com conversas divertidas, conversas gerais e a autoexposição. Troque verdades e confidências em sua conversa a dois para criar intimidade emocional. Sincronize-se, relaxe, curta e leve seu relacionamento para aquela bonita sensação de sintonia mútua. Busque momentos "Eu também" e toque-o incidentalmente.

Seja romântica. O romance mantém a relação amorosa viva. Da próxima vez que você vir um daqueles casais que parecem ser loucos um pelo outro – aqueles que agem como recém-casados, mas você sabe que já estão juntos há anos –, observe como eles interagem. Aposto que eles se cortejam todos os dias, conforme suas histórias crescem.

O romance não faz você se sentir bem apenas no momento. Ele cria lembranças para o futuro, memórias que conectam, memórias que exaltam, memórias que energizam, memórias que a mantêm jovem de espírito, memórias que tornam seu amor especial e único e, como um conto de fadas, memórias que fazem valer a pena manter e lutar por seu relacionamento nos momentos mais difíceis.

Exercícios

A estação da sua imaginação

O que Hollywood, folhetos de férias e a maioria das religiões do mundo possuem em comum? Todos eles usam a imaginação para capturar o coração e a mente das pessoas. Quando uso a palavra *capturar*, quero dizer literalmente. Quase todos nós, de uma forma ou de outra, somos prisioneiros inconscientes da nossa própria imaginação. É a maior força que possuímos – infinitamente maior que a força de vontade. Uma imaginação fora de controle pode arruinar sua vida – pode literalmente deixá-la aterrorizada. No entanto, se estiver sob controle, pode fazer milagres, porque a imaginação é a chave para as emoções – não só as nossas, mas também aquelas dos nossos opostos compatíveis.

Oitenta por cento do tempo, as pessoas não fazem ideia de por que fazem o que fazem. Elas tomam decisões com base em suas emoções, mesmo quando pensam que estão sendo racionais. Quando se trata de fazer conexões emocionais, tudo o que é tedioso, chato e previsível deixa a imaginação fria, enquanto tudo o que é elegante, interessante e espontâneo a deixa plena de deleite e querendo mais.

Ao realizar estes exercícios (você será orientada em todos os momentos), adquirirá uma visão precisa do que quer para sua vida amorosa, com uma coleção de palavras e frases simples que poderá usar para, rapidamente, evocar uma intimidade pessoal quando conhecer a pessoa certa.

Sua imaginação

É um fato comprovado que, quanto mais vividamente você imagina algo – quanto mais real consegue torná-lo em sua mente –, mais probabilidades de consegui-lo você terá. Seus sentidos são essenciais para sua imaginação. Isso quer dizer que, para encontrar seu relacionamento ideal, você deve passar um tempo pensando sobre qual será sua aparência, som e sensação – e até qual será seu cheiro e gosto também, se quiser. Uma forma útil de fazer isso é construir um quadro visual.

Um quadro visual é simplesmente um monte de imagens e palavras que você pode cortar em várias revistas e colar em um pedaço de papelão. Mas elas não são apenas figuras e palavras velhas – elas são ilustrações de como você imagina sua vida amorosa da forma como quer que ela seja.

Tudo o que você precisa é de um pedaço de cartolina (que é vendida em papelarias ou em lojas de departamento), uma tesoura, alguns marcadores coloridos, um pouco de cola e uma pilha de diferentes revistas. As revistas podem ser novas ou usadas, mas pelo menos metade deve ser de revistas que você não leria normalmente, talvez até algumas publicações estrangeiras. Antes de começar a cortar, encontre um lugar tranquilo com espaço suficiente para trabalhar. Acomode-se e certifique-se de que você não será incomodada.

Enquanto estiver trabalhando, imagine-se como uma diretora cinematográfica ou fotógrafa com toda a liberdade do mundo. Seu trabalho é montar uma série de imagens que representem a vida que você quer viver com seu novo parceiro. Lembre-se de que é fácil imaginar-se conhecendo um milionário com uma casa chique e deitada ao lado de uma piscina o dia inteiro, sendo servida por empregados, mas seja realista. Com sua lista de verificação de opostos compatíveis (veja Capítulo 2) em mãos, deixe sua imaginação viajar. Coloque seu foco no que realmente quer. Talvez um sentimento venha até você, ou algumas palavras, ou quem sabe uma imagem ou filme se forme em sua mente. Curta essa sensação por um momento, deixe-a desdobrar-se e veja aonde ela a levará. Se não acontecer nada, talvez seu iPod possa ajudar. Ouça algumas das suas músicas favoritas e veja se isso a inspira.

Comece a cortar figuras ou palavras que a impressionem, qualquer coisa que ajude a criar uma imagem do seu relacionamento ideal. Não cole nada nessa etapa, simplesmente faça uma pilha de coisas que a atraiam. Depois coloque as fotos sobre o quadro e as edite. Deixe de lado tudo o que não fizer sentido. Talvez você queira dividir seu quadro visual em duas áreas diferentes: romance, família, aventura, mas é o seu quadro e seu relacionamento, portanto faça o que parecer melhor. Feito isso, independentemente da forma que escolher para montar o quadro, deixe um espaço no meio para uma maravilhosa foto feliz sua (só você).

Depois que você ordená-lo como quiser, cole tudo cuidadosamente sobre o quadro. Sinta-se à vontade para escrever ou desenhar sobre ele, se isso ajudar a clarear sua visão. Pendure o quadro finalizado em uma parede onde possa vê-lo todos os dias.

A imaginação do seu oposto compatível

Nós, seres humanos, vivemos de histórias. Também sonhamos com elas, preocupamo-nos com elas e morremos por elas. E, o que é mais importante, nós nos apaixonamos por elas e com elas. Quando contamos histórias para nós mesmos e para outras pessoas, o romance e a mágica crescem.

Contar histórias está em nossos genes. Aprendemos o básico logo que aprendemos a falar. Ao final da nossa infância, usamos as histórias para enganar, bajular e conseguir o que queremos. Mas, para a maioria das pessoas, isso acaba aqui. Quando crescemos, talvez ainda contemos histórias, mas normalmente sem a estrutura que impacta outras pessoas. As histórias são poderosas e são a forma como encontramos um sentido para o mundo. Se pudermos contar nossas próprias histórias bem, poderemos capturar corações e imaginações.

Estes exercícios foram criados para ajudá-la a escrever as histórias da sua própria vida, as quais você poderá usar para conseguir a atenção de outras pessoas. Estas são histórias sobre as quais se apoiará para criar seu perfil on-line, para acelerar a intimidade emocional por meio da autoexposição mútua e, finalmente, para construir um romance dentro do seu relacionamento.

1. Uma imagem vale mais do que mil palavras

Para começo de conversa, essa é uma forma muito eficaz de se tornar memorável e ao mesmo tempo causar uma impressão emocional. Você já ouviu Paul Simon cantar *Like a Bridge over Troubled Water* [Ponte sobre águas turbulentas]? Ou Mick Jagger cantar *I'm a King Bee* [Sou um zangão]? Ou Bob Dylan cantar *Like a Rolling Stone* [Como uma pedra rolante] (uma de verdade, não Mick, o zangão)? Claro que você se lembra. Essas *performances* ficam marcadas em nossa mente porque elas constroem imagens que você pode ver em sua mente. Uma imagem mental vale mais do que mil palavras. Bons compositores usam "coisas" (zangões, pontes, pedras rolantes) para se representarem e representarem seus sentimentos. Você pode fazer o mesmo.

Em um recente workshop, pedi que os participantes escrevessem a primeira coisa que passasse por sua cabeça para completar a frase: "Sou como um...". Poderia ser uma água, uma cenoura, um carro de corrida da Fórmula 1, qualquer coisa. A única condição é que fosse a primeira coisa que surgisse em sua mente. Depois eles tinham dois minutos para estender a comparação. Novamente, apenas anotar o que viesse à mente. Os participantes ficaram surpresos e satisfeitos com os resultados. Uma mulher disse: "Não tenho ideia de onde veio isso. Escrevi: 'Sou como um cubo mágico'". Ela pegou suas anotações e leu o que havia escrito. "Sou como um quebra-cabeça para algumas pessoas, mas fácil de solucionar quando você aprende como fazê-lo. Sou colorida e minha personalidade tem diferentes lados." Um jovem foi o próximo. "Sou como um oceano: às vezes calmo, às vezes tempestuoso." Outro disse: "Sou como uma xícara de café: quente e energético".

Tente fazer esse exercício. Escreva a primeira coisa que vier à sua mente para completar as frases abaixo. Deve ser uma coisa (um substantivo: uma fazenda, um barco, uma praia de nudismo, uma bola etc.). Você não pode usar palavras relacionadas a pessoas, como amigo ou médico.

Prepare sua caneta agora, para fazer o exercício o mais rápido possível, sem pensar.

Eu sou como um ___________________________________.
Meu melhor amigo é como um _________________________.
O amor é como um _________________________________.
Minha vida é como um ______________________________.
Meu futuro é como um ______________________________.

O que suas respostas revelam sobre você? Apenas uma simples imagem diz muito sobre uma pessoa. Quando você fala em imagens, imediatamente envolve as emoções, os sentidos e a memória da outra pessoa.

Agora dê um passo adiante. Escreva uma ou duas frases explicando por que você gosta da imagem que escolheu. Faça o mesmo para seu melhor amigo e para o seu amor:

a. Eu sou como um __________________________ porque...
b. Meu melhor amigo é como um ________________ porque...
c. O amor é como um _________________________ porque...

A ideia é usar imagens da sua própria vida para fornecer uma imagem que eles possam manter em sua mente. Em vez de dizer: "Adoro viajar e já visitei muitos lugares interessantes. Adoro o mar, as montanhas e trovões...", tente dizer: "Sou como uma águia. Adoro estar no topo de montanhas altas e sentir a chuva em minhas asas". Inspire-se nas respostas acima, escolha uma imagem simples sobre você, sobre seu encontro ideal e seu relacionamento ideal e insira a ideia casualmente em seus bate-papos e conversas por e-mail com novos conhecidos. Fatos, números e listas se desvanecem rapidamente, mas uma imagem dura para sempre.

2. Qual é sua história?

Claro que você é muito mais que uma imagem. Você é uma pessoa única e bem-intencionada com um coração – e uma história para contar. Quando você consegue capturar a imaginação de alguém com suas palavras, pode causar uma reação que cria todo tipo de figura, som, sensação, cheiro e gosto – uma reação sensorial que dá vida às coisas e as torna reais. Histórias a tornam real, humana e memorável rapidamente. Histórias unem as pessoas. Por isso, suas histórias devem ser verdadeiras.

Tome um minuto para ler o perfil de Olivia no Capítulo 4. É aquele que começa com o gancho: "Disseram-me que em um bom dia eu pareço com a Uma Thurman...". Começou como uma dissertação que Olivia escreveu para si. Quando ela finalizou a dissertação, leu novamente e coletou as partes interessantes, ordenando-as em um perfil bastante eficaz. Este exercício a ajudará a investigar o que faz de você a pessoa que é e a encontrar materiais que a ajudem a conectar-se com seu oposto compatível.

Separe pelo menos 15 minutos e anote o que vier à sua mente sobre sua vida – desde seu nascimento até hoje – na terceira pessoa. Em outras palavras, como se você estivesse contando a história de outra pessoa. Dica: Se tiver problemas para iniciar, tente começar como: "Era uma vez uma garotinha chamada...". Você sempre pode colocar o "Era uma vez" mais tarde. Pode acabar escrevendo várias páginas. Não tem problema.

Depois, leia sua história e foque os pontos realmente importantes. O que foi mais importante, ganhar o jogo da liga infantil quando você tinha 11 anos ou ganhar de 15 concorrentes na busca pelo seu primeiro emprego? A morte do seu cachorro quando você tinha 15 anos ou levar um fora da sua paixão de colégio? (Não tenha medo de admitir se a morte do cachorro for mais dolorosa!) Continue a reduzir até conseguir ler ou contar sua história em 90 segundos ou menos (aproximadamente 200 palavras) sem suas anotações. Ao fazer isso, descobrirá que experiências-chave são focadas e que alguns padrões podem surgir. Terá uma sensação do que é essencial em você em poucas palavras.

Depois que aperfeiçoar sua história, altere novamente para a primeira pessoa: "Eu nasci em Wyoming, mas minha família se mudou várias vezes até os meus 12 anos..." e assim por diante.

3. Autoexposição de baixo risco

Como discutimos no Capítulo 10, a autoexposição é uma parte importante na criação de intimidade. Níveis diferentes de autoexposição são apropriados para diferentes situações. Neste exercício, você focará a criação de uma história que ofereça exposição de baixo risco, apropriada para contar a pessoas com as quais ainda não tem muita intimidade.

Comece a escrever sua história pensando em um sucesso que teve. Pode ser em casa, na escola, no trabalho, há cinco anos, na semana passada. Não importa se o sucesso foi grande ou pequeno. Talvez você tenha sido reconhecida como clarinetista do ano na escola ou tenha aparecido no livro dos recordes por contar girinos. Ou talvez você, simplesmente, tenha ido do trabalho para casa de bicicleta e passou por todos os semáforos verdes. O que importa agora é garantir que sua história tenha um início, um meio e um fim – assim como todas as boas histórias. Uma história incompleta frustrará seu ouvinte, portanto certifique-se de terminar dizendo o que aprendeu sobre você mesma com seu sucesso.

Aqui está um exemplo: "Sempre gostei de cantar, mas também sempre fui muito tímida. Durante anos cantei ouvindo CDs sempre que estava sozinha. Tinha quase certeza de que não era uma cantora ruim. Na semana passada, meus amigos insistiram em me levar para um bar com karaokê. Cada um deles cantou uma música e depois disseram que era minha vez. Eles literalmente tiveram que me arrastar até o palco. No fim das contas eu cantei a música "Crazy in Love", de Beyoncé. As pessoas aplaudiram e ovacionaram – muito! Eu impressionei meus amigos e impressionei-me também. Descobri que não sou tão tímida quanto pensava e que adoro cantar para um público, tanto que voltarei ao bar na semana que vem!".

Brinque com sua história até conhecê-la bem e conseguir contá-la em 90 segundos ou menos, e até sentir-se bem com ela. Pratique ao contar sua história a um amigo ou familiar (ou até ao seu gato) e certifique-se de sentir, soar e parecer contente ao contá-la.

4. Autoexposição de médio risco

Agora chegou o momento de criar uma história que ofereça uma exposição mais pessoal, algo que você possa revelar a alguém com quem se sente um pouco mais confortável. Prepare essa história da mesma forma que você fez no Exercício 3, mas, dessa vez, pense em um momento em que você tomou uma boa decisão. Utilize o modelo abaixo para guiar o desenvolvimento da sua história:

Problema/situação:
Resolução/resultado:
Início:
Meio:
Fim:
Moral/O que você aprendeu?:

5. Autoexposição de alto risco

Depois que você passa pelas etapas iniciais de conhecer alguém, começa a construir confiança e sintonia por meio da autoexposição de alto risco.

Utilize o que você aprendeu nos exercícios anteriores, crie uma história sobre um momento da sua vida em que você tomou uma má decisão.

Problema/situação:
Resolução/resultado:
Início:
Meio:
Fim:
Moral/O que você aprendeu?:

6. Um momento mágico

Este exercício foi pensado para ajudá-la a mover alguém emocionalmente. Lembre-se de um momento mágico, único em sua vida, e tome apenas cinco minutos para transformá-lo em uma história comovente e exaltante. Mais uma vez, certifique-se de que a história tenha um início, um meio e um fim. Foque o *quem*, *onde* e *quando*.

7. Uma ambição ardente

Este livro começa com uma citação de Luciano de Crescenzo: "Cada um de nós é um anjo com apenas uma asa e só podemos voar quando nos abraçamos". Esse é o conceito dos opostos compatíveis. Olhe para suas mãos, que seguram este livro. Elas são dois opostos compatíveis, assim como seus olhos e suas pernas. Ambas trabalham continuamente em harmonia, fazendo coisas que elas nunca poderiam fazer sozinhas.

Elas formam um par compatível com muita coisa em comum, ao mesmo tempo que são opostas. Se você quiser compartilhar seus sonhos com seu oposto compatível e encontrar uma harmonia juntos, necessitará compartilhar energia, direção e motivação.

Utilize este exercício final para focar seus sonhos, e desta vez não relacionados ao amor, mas a outras coisas, e coloque-os em palavras: Não apenas palavras que façam sentido, mas palavras que provoquem energia e animação.

Recorde sua história, as histórias dos seus sucessos, suas boas decisões, suas más decisões, seus momentos mágicos e tudo o que você aprendeu sobre a vida até agora. Retire sua máscara, neutralize seus medos, abandone qualquer desculpa, expulse todo o seu monólogo interior negativo e suas limitações autoimpostas por apenas alguns minutos. Deixe a ambição ardente – aquele algo especial que você sempre quis fazer, aquele algo especial com o qual você se importa e nem sabe por que, que tem brilhado dentro de você desde sua infância – sair e dançar em sua mente.

Quando estiver pronta, tome cinco minutos e transforme o que você vê, ouve, sente, cheira e degusta em uma história comovente e exaltante. Dê a ela a forma que quiser, pois este é seu presente exclusivo para o mundo.

Epílogo

Tudo começa com você

Há muito tempo, você não conseguia nadar, e nadar não fazia sentido. Você pensava: "Se eu tirar meu pé do fundo da piscina, vou afundar". Mas você via outras pessoas nadarem, portanto sabia que, mesmo parecendo impossível, poderia realmente ser feito. Em algum momento, sua imaginação trabalhou com você, em vez de contra, e finalmente você aprendeu a nadar. Agora você consegue nadar sem pensar, com tanta naturalidade quanto um peixe.

Há muito tempo, você não sabia andar de bicicleta. Pensava: "Se eu colocar os dois pés nos pedais, vou cair". Mas você tinha fé de que era possível, porque via outras pessoas fazerem isso. Mais uma vez, sua imaginação a estimulou e agora você consegue andar de bicicleta sem pensar. É extremamente fácil.

Tanto para nadar quanto para andar de bicicleta você teve que praticar. No começo você não conseguia flutuar; no começo não conseguia se equilibrar. De repente, em um dia mágico, percebeu que ninguém a sustentava na água e que ninguém segurava a bicicleta. Você estava nadando ou pedalando sozinha, movendo-se livre e confiantemente, sem precisar da ajuda de ninguém.

O mesmo serve para encontrar seu oposto compatível. Há muito tempo, você não conseguia entender por que algumas pessoas pareciam navegar pela vida e ter relacionamentos maravilhosos sem qualquer esforço e você não. Mas isso foi antes. Agora você tem fé nas metodologias que aprendeu nestas páginas, pois elas fazem sentido. Você viu outras pessoas encontrarem sua alma gêmea e sabe que esse momento mágico também virá para você.

Assim como ocorre com a arte de aprender a nadar ou a andar de bicicleta, você não pode realmente aprender a se apaixonar ao ler um livro, nem este. Claro, você pode ler sobre os diferentes movimentos da natação ou sobre as partes de uma bicicleta; pode aprender a teoria e física por trás do esporte. Mas para chegar à essência do tema, precisa entrar de cabeça e aprender *fazendo*.

O mesmo acontece com o amor. Eu saí e analisei o que acontecia quando as pessoas encontravam o amor e permaneciam profundamente apaixonadas e coloquei o que aprendi neste livro. Conversei com pessoas que consistentemente erraram em relacionamentos e tiveram de aprender com seus erros. Eu lhe ofereci a teoria, as técnicas, mas se você quiser a química, terá que avançar e começar a praticar. Simplesmente desejar ou esperar encontrar a pessoa dos seus sonhos não é suficiente. Não importa quão persuasiva ou otimista você é, terá que se levantar, encarar o mundo e passar por algumas experiências. É nesse momento que entra a fé para motivá-la – fé em você e fé de que a pessoa que roubará seu coração e a manterá entusiasmada para sempre está em algum lugar lá fora e a encontrará quando você menos esperar.

Tudo começa e termina com seu monólogo interior, da mesma forma como você se explica o que acontece ao seu redor. Coloque seu foco nos pontos positivos e você conseguirá. Se focar os pontos negativos, também chegará lá. Mas se o amor verdadeiro estiver no seu destino, você deve acolher e acentuar o positivo. Chegará o momento em que perceberá que encontrou alguém que combina tão bem com você que o amor simplesmente se abre, com tanta naturalidade e facilidade quanto nadar em uma piscina ou passear de bicicleta. Você está pronta? Tem todas as ferramentas de que necessita para acender as chamas do amor em sua vida – eu já lhe dei os gravetos, a lenha e os fósforos – mas somente você pode acendê-las. Agora você está por sua conta e tudo ficará bem. Quando o amor verdadeiro aparece, chegará como uma surpresa, um enorme alívio. É sempre assim, ele sempre chega quando menos esperamos. Faz parte do estonteante mistério do amor e da precipitação vertiginosa do romance. Portanto, vá em frente e faça um gol – e esteja pronta para a melhor surpresa da sua vida.